万物运转的秘密

我在未来等你

【俄】娜佳·阿芙多希娜 著
张宜先 译

时代出版传媒股份有限公司
安徽科学技术出版社

［皖］版贸登记号：12211978

图书在版编目(CIP)数据

我在未来等你 /（俄罗斯）娜佳·阿芙多希娜著；张宜先译. --合肥：安徽科学技术出版社，2023.5
（万物运转的秘密）
ISBN 978-7-5337-8493-5

Ⅰ.①我… Ⅱ.①娜…②张… Ⅲ.①科学知识-儿童读物 Ⅳ.①Z228.1

中国版本图书馆 CIP 数据核字(2021)第 237655 号

WO ZAI WEILAI DENG NI
我 在 未 来 等 你

［俄］娜佳·阿芙多希娜 著
张宜先 译

出 版 人：丁凌云　　选题策划：高清艳　周璟瑜　　责任编辑：周璟瑜
责任校对：李　茜　　责任印制：廖小青　　装帧设计：武　迪
出版发行：安徽科学技术出版社　　http://www.ahstp.net
（合肥市政务文化新区翡翠路 1118 号出版传媒广场，邮编：230071）
电话：(0551)63533330
印　　制：合肥华云印务有限责任公司　　电话：(0551)63418899
（如发现印装质量问题，影响阅读，请与印刷厂商联系调换）

开本：787×1092　1/16　　印张：7　　字数：162 千
版次：2023 年 5 月第 1 版　　2023 年 5 月第 1 次印刷

ISBN 978-7-5337-8493-5　　定价：35.00 元

前　言

2020 年的除夕夜，我们开始计划编写这套书。美好的除夕给予了我们灵感，我们思考着未来：五年、十年、五十年后的世界将会是什么样子呢？在那之后呢？未来又会怎样呢？我们可以从这里看到吗？我们可以预测吗？

我们决定就此询问科学家们的看法。结果就是，所有这些了不起的人都成为本书的合著者。我们同古生物学家一起分析了地球作为行星的未来；我们与遗传学家一起研究了 DNA——有史以来最有效的“时间胶囊”；生物学家向我们介绍了曾经存在过的生物以及未来将会出现的生物；未来学家预测了我们的日常生活在四十年后会发生怎样的改变……

本书综合了许多不同领域的知识以及不同学科专家的见解和预测。我们把它们集中在一起，形成一幅关于未来世界的全景图。然而，这幅图上仍然留有一些空白，等待着你来填涂。

我们对未来的想法深深影响着我们现在的生活、今天的工作以及要做出的选择。这也将对我们的明天以及多年以后的未来产生巨大影响。

我们非常希望，这将是一个令人兴奋的旅程。

附：这本书就像一个时间胶囊。你可以保存好它，在五年、二十年，甚至五十年后再次阅读！我们会很高兴地看到：书中的想法和幻想在未来成为现实！

倒计时已经开始了！ 让我们跳进时间胶囊，开始我们的旅程吧！

目 录

人类的未来

地球的未来

从过去到未来

技术

人类的未来

2060年的一天

未来学家是研究未来的人。他们能够在今天告诉我们一年后、五年后，甚至十年后的生活将会变成什么样子。丹妮拉·梅德韦杰夫就是一位未来学家，她为我们描绘了 2060 年一个普通孩子的一天。想象一下，当你在自己的房间里醒来……

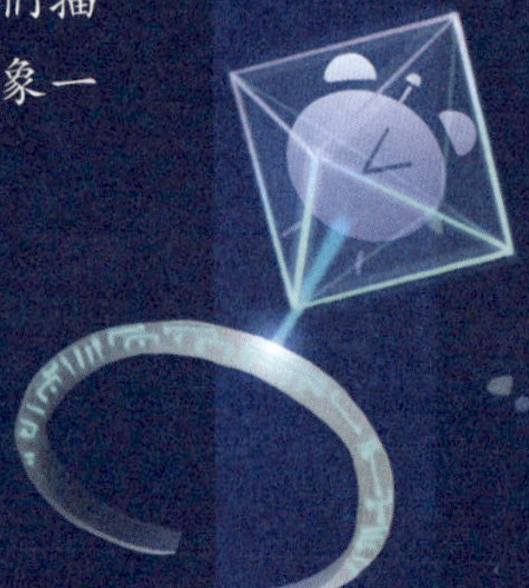

早晨

手环小助手把你叫醒。你在任何时候都无须摘下这个手环：它能监测你的睡眠质量，提醒你每日事项，搜集你体内植入的少量芯片的信息。这些芯片能够不间断地监测你的身体状况。整套系统能够帮助你有效地预防疾病和保持健康。你会充满活力地醒来：一切尽在掌控之中。

你和家人住在大城市里。你家所在的单元楼是用既轻便又耐用的材料建成的。必要时，它能够被迅速、安静地拆卸，并放置到另一个地方。每栋房子的屋顶都会有一个可供散步的小花园和垂直农场，住户在这里种植蔬菜和水果。

你在房间里醒来。你的房间外形酷似山上的鹰巢（这是你自己设计的，因为喜欢鸟儿，所以选择了鸟巢外形。真是太美了！），每个房间都可以被设计成自己喜欢的样子。有的人的房间是城堡，有的人的房间是舒适的小窝，有的人的房间像是野兽的洞穴。这一切归功于一种能够融合现实与虚拟的高科技。戴上眼镜，一切就绪——环绕在你周围的是一个虚拟与真实叠加的混合世界。

你起身，请智能房子为你准备早餐。淋浴时，你和房子聊了聊昨天在学校里发生的事情，以及和朋友度过的快乐时光。房子可以记住你从小就与它交谈的内容，并且能在你需要的时候提供帮助。

全家人聚在一起吃早餐：你、姐姐、爸爸和妈妈。奶奶也来家里做客了，她这个周末休息。尽管奶奶的年龄已经很大了，但她看起来依然很年轻！人们很关心自己的健康，衰老速度变得更慢了。从 16 岁到 80 岁，人们的外貌几乎没有发生变化！如果你生病了，就躺在家里的“特殊胶囊”中——它可以治愈感冒，并给你按摩。如果情况严重，人体内植入的芯片会向医生发送信号——于是，你会被送往医院。但是这种情况很少发生，因为人们现在大多很健康。

吃过早饭，你要去学校了。衣服的相关数据都被存储在智能壁橱的特殊应用程序中，你可以直接对着镜子“一键换装”，轻松“试穿”。你选好衣服后，把平板电脑放进背包就可以出门啦！

上学途中

人们可以在公共场所共享有关自己的信息：可以展示自己要去的地方，发表自己的看法或者播放歌曲。但是，一旦你离开市区来到特殊的自然区域，就会立即与大众媒介脱节。在这里，人们激活了“自然模式”（就像飞机上的“飞行模式”），并进行自我修复。这种自我修复的过程对人类保持健康和集中注意力至关重要。

春天，你可以骑自行车去学校；冬天，可以乘坐公共交通工具。城市里几乎没有多余的私家车，人们更喜欢使用公共交通工具，不仅节能环保，还非常便利。

在学校

终于到学校啦！你最近一直待在家里学习。你需要上在线课程、阅读文章，还做了许多练习，比起在学校，这样学习会更加专注。但是今天全班同学都聚在了一起，大家这几天需要合作完成一个共同的项目。

学校里没有老师给大家讲解资料、检查家庭作业和测试。但是，每个人都有一个专属导师，他能引导你从事自己感兴趣的领域的工作。通常来说，人在 7~10 岁时，就会知道自己最适合发展的领域。在一些专业测试和导师的帮助下，我们可以得出结论并进行选择。有的人擅长发明设计，制作各种装置；有的人擅长创作音乐；有的人会成为别人的导师……

而你当然也有自己的规划和目标，和其他同学几乎没有重合的课程。不断更新的知识库取代了教科书和练习册。你现在对历史非常感兴趣，而在接下来的几周里，你还会学习如何造船。因此，接下来大部分时间你都会待在造船厂。你的朋友对生物技术很感兴趣，尤其是遗传学，目前他正在学习培育蝴蝶新品种。

下课后

下课后，你可以去公园和朋友们一起玩耍。爸爸妈妈很放心你去任何自己想去的地方，因为城市里有非常完备的监控系统。此外，你的身上还安装着能够定位以及时刻监测身体状况的芯片。

在家里也可以做许多事情。今天你决定玩一会儿。你将进入一个自己建立的虚拟文明世界。这个世界类似沙盒游戏《我的世界》，只是世界的现实感增强了，里面的一切都可以触碰。现在，这个世界已经发展到非常复杂的阶段了。例如，上周你刚为自己所创造的虚拟世界研发了语言。

入梦前

该睡觉啦！你一直期待着年满 14 周岁，那时你就可以服用“避睡药”了。“避睡药”可以让你即使睡得很晚，清晨醒来的时候仍然精神抖擞。

你梦想着能有一个假期，可以和爸爸妈妈一起亲近大自然。现在，地球上一半是数百万人口的巨型城市，一半是自然保护区。在自然保护区里，原始的自然风光被完好无损地保留下来。你和家人一直想置身山林，所以想去那里体验一番。

你还梦想着能去月球。你的爸爸刚好在月球上工作，所以你希望他能带你和你的朋友去公司旅行。不过，你也可以选择“太空”作为明年的学习主题，那么你就可以亲自体验飞行的乐趣啦！这个梦想简直太棒了！

我们能吃什么呢？

我们的曾曾曾曾祖母和曾曾曾曾祖父，和我们一样吃米饭、喝汤。那么，人们为什么认为将来的日常饮食会发生巨大的变化呢？

科学家预测，到2050年，地球上的人口会达到100亿。因此，养活我们所有人需要更多的食物。然而，我们用于日常生产的淡水和土地资源并不充足。现在，科学家们已经开始考虑，未来该如何创造更多的食物。让我们一起来看看下面这些未来可能会出现的食物吧！

蟋蟀巧克力

未来，蟋蟀和蚂蚱也许会成为我们所需蛋白质的主要来源。畜牧业的发展需要广阔的牧场、草地和大量的淡水资源，而昆虫的繁殖对外在条件要求极低。因此，未来我们或许得学会适应那些用蟋蟀加工成的丸子和香肠。磨成粉状的蟋蟀还可以添加进面包，甚至牛奶或巧克力中。

喝完水后吃掉瓶子

未来的食品外包装将由海藻制成。它们能够直接食用——没有味道，也没有气味，但富含纤维、维生素和矿物质，对身体健康十分有益。如果不想吃，你也可以直接扔掉，它们会被迅速分解，而且对环境也很友好。

美味的蒸汽

你尝过巧克力蛋糕、西红柿汤或者炸鱼味道的蒸汽吗？你无须使用汤匙和叉子，只要一根小小的玻璃管，就可以“饮用”小高脚杯中的蒸汽。这种食物不能饱腹，却能够欺骗你的大脑：你可以一口气“吃掉”4 个巧克力蛋糕，而不用担心肚子疼。

实验室做出来的牛排

再也不需要动物养殖场啦！实验室可以通过提取母牛的肌肉细胞，利用一种由糖、脂肪、氨基酸和矿物质合成的混合营养液培育出活的组织，从而制造出牛肉。这种牛肉的味道和普通的牛排没有区别哦！

由摩天大楼农场生产出来的西红柿

想要一年四季都有脆脆的黄瓜、香甜的西红柿和新鲜的水果？简单！在摩天大楼农场里，你可以看到在富含营养物的水溶液中培育出来的蔬菜和水果。这种培育方式也被称作“无土栽培”。

这种农场不需要大面积的土地。它知道怎样为自己补充水分，以及从废物中汲取养分和能量。住在公寓里，你就能看到正在生长的草莓，还可以观察到果实是如何变红的。

打印比萨饼

当你还在做数学题的时候，家里的 3D 打印机就已经打印出比萨饼了。你只需要将含有必要成分的食物盒装入系统，单击“打印”，就可以得到一份蛋白质、脂肪、碳水化合物配比完全正确的佳肴。3D 打印机不仅能打印比萨饼，只要你想要，任何形状的食物都能被打印出来，就算是飞机形状的肉排也不在话下。

智能公寓

想象一下，你们正要上飞机，而妈妈突然说：“我好像忘记关熨斗了。”这多吓人啊！但如果你住在智能公寓里，这就一点也不可怕了。你只需要在手机上进行简单的操作，家里的插座就会自动断电。将来，几乎所有建筑物里的设备都可以实现无人操作。

欢迎你的房子

傍晚，当你回家的时候，只需轻按一个按钮，客厅的灯就会立刻打开，与此同时，窗帘也会自动拉开，电视机自动开启，音乐从音响里传来。

冰箱

它能记住自己储存了哪些食物以及它们是何时被放进来的。如果肉的保质期快要到了，冰箱就会给你的手机发送一条消息：“嘿，该煮肉啦！”

通过手机，你可以向冰箱确认还剩下多少鸡蛋。冰箱还能及时提醒你，当鸡蛋的数量少于两个时，冰箱门上的液晶显示屏就会出现提示：“要买鸡蛋啦！”

花草和鱼

有了智能公寓，你就不会忘记给花草浇水了！当你走进房间，看到备忘录的屏幕上发出亮绿色的光，或者窗台上方出现了亮光，你就会立刻明白：该拿起喷壶浇水了。蓝光则是在提醒你：需要喂鱼缸里的小鱼啦！

供暖

你只要说“我想更暖和一些”，所有房间里的调温器就会自动提高温度值；反之，暖气就会暂停供应。每个房间都有温度传感器，可以节省能源。例如，当你打开房间的窗户时，即使妈妈调高了公寓的温度，那里的暖气也会自动关闭。

电源

如果你出门前忘记关灯，传感器搜索不到手机信号并意识到没人在家，电灯就会自动关闭。

如果全家出去度假了，控制器就会切断洗衣机的电源，同时降低室内温度。

亮度

智能公寓不仅可以开灯或关灯，还可以使其更亮或更暗。例如，到了晚上，你房间的灯开始会发出明亮并易于阅读的光，然后会变成夜灯模式，等到深夜时分，灯就会自行熄灭。

我们房子里的电是怎样产生的呢？请翻阅第 78 页找找答案。

灯

如果你晚上要上厕所或去厨房，走廊的灯会自动打开，这样你就不用在黑暗中摸索灯的开关了。

门

当你靠近门口，门上的传感器能够感应到你口袋里的手机，并向控制器发送信号，门就会自动打开。

智能公寓主要由 3 个部分组成：

→ 电器，包括电视、吸尘器、加热器、对讲机等；

→ 传感器，分别安装在公寓的不同位置，收集有关温度、运动、湿度、照明、空气质量（烟尘、颗粒物、能见度）的信息；

→ 控制器，可处理来自设备和传感器的所有信息并下达指令。

人类2.0版本

生活在未来的人与我们截然不同。他们能力更强、速度更快，拥有更长的寿命，并且可以通过思维进行交流。将来，人们会习惯机器人在街上走来走去，它们都有机械化的手臂、翅膀和天线。

全世界的科学家现在都在努力研究人类2.0版本的配置。一起来看看他们成功发明的作品吧！我们也许可以由此想象到几十年后人类的样子。

微型生物机器人

由活细胞构成的微型生物机器人在血管中来回穿梭，人们可以控制它们的移动。生物机器人可以在人体内运送药物，并修复其中的细小故障。

→ 科学家们不久前研究出了如何从青蛙细胞中收集构成微型生物机器人的有效成分。

大脑内的芯片

我们可以利用思维与朋友、家人交流，还可以向计算机发送命令，把想法和记忆上传到网上。这些似乎是超级英雄才有的能力，要归功于大脑中一个能读取人的思想的小芯片。

→ 科学家们已经发明出一种机器人，它可以将芯片放入人的大脑。

外骨骼

由杠杆、支架和其他装置构成的补充型骨骼会搭建在人的身体外围，它们是类似肌肉的“外骨骼”。这种外部机械骨架会使未来人类拥有超乎寻常的快跑、跳高和举重能力。

→ 人们如今利用外骨骼已经可以实现许多功能，例如以比正常行走快 3 倍的速度搬运重达 90 千克的货物。

身体的延伸部分

除了外骨骼，你还可以给自己装上机械翼、机械尾和其他身体延伸部分。不过，为了能更好地控制这些机械部位，人类还需要在身体内部植入特殊的芯片。

➜ 如今，大脑里植入芯片的猴子可以支配自己的第三只手臂——机械手臂，并用它来偷香蕉。此外，世界上还有一些人可以借助机械手臂将茶或咖啡送到嘴边。

“第六感”

未来的人类会像鸟儿一样，能感受到地球磁场；也能像蝙蝠一样，在黑暗中游刃有余。想要获得这样的“第六感”，需要借助内置于人体的芯片和感应器。

➜ 有些人已经能够做到这一点：他们可以借助智能手环等，获得“第六感”。

改善基因

未来的人类能够改善自己的基因，以便实现微整形或战胜疾病。例如，向人体内加入维多利亚多管发光水母的基因，人们就会在紫外线灯光的照射下发出绿色光。

➜ 事实上，真的存在这样一只发光的兔子，它的名字叫作“阿尔巴”。科学家们已经学会了改变动植物的基因，现在他们正在学习如何通过改善人类基因，治疗某些疾病。

延长寿命

得益于基因改变和器官 3D 打印技术的进步，人类的寿命延长了。

➜ 现在，许多科学家正在潜心研究基因的变化，期待能帮助人类对抗衰老。

有关脱氧核糖核酸的详细内容，请翻阅第 49 页。

未来的技能

为了不在这瞬息万变的世界里迷失自我，必须要让自己成为一个活在未来的人。在 4000 名专家云集的特别头脑风暴中，“新职业图鉴组织（一个研究职业和产业变化的组织）”向大家说明：在不远的将来，我们需要哪些技能？

了解其他语言和文化

如今，世界各国的人已经成为共同体。研制飞机或计算机这些极具挑战的任务单枪匹马很难完成，因此，将来你可能要与印度人、法国人、美国人等在同一个团队共同工作。只有懂得英语才能和他们交流，毕竟英语已经是国际通用语言了。为了避免冒犯到同事，你还需要研究其他国家的习俗。

→ 你知道世界各地有哪些不同寻常的问候方式吗？如果想知道更多有趣的信息，可以先从以下几个国家入手：新西兰、菲律宾和肯尼亚。

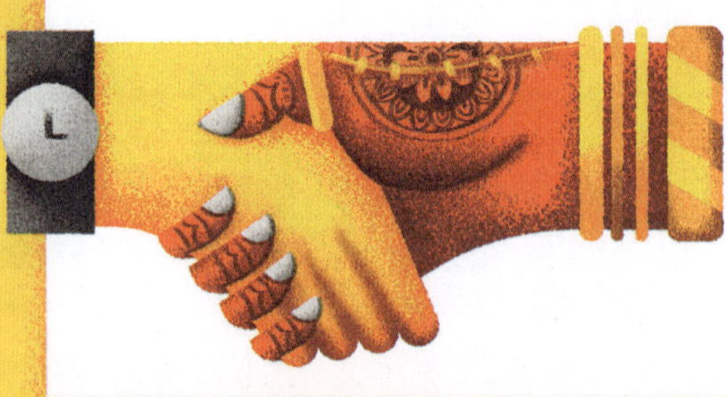

能够应对不确定性

未来的工作环境将不断发生变化。今天你要在家里组装一个清洁机器人，明天你就要去执行登月任务。要想跟得上这些变化，必须快速决策并提前打算。

探险时要带些什么？猫要留给谁来照顾？应该委托谁来完成地球上的工作？如果出发时间推迟了一周，或者妈妈没办法把猫接走，又该怎么办？你需要做好万全的准备。

→训练超前思考。写下本周需要做的事情，比如与朋友见面、打扫房子、做家庭作业等。试着提前为这些事情制订计划。如果突然下起倾盆大雨，或者所有课程都被取消了，你还要考虑如何更改计划。

独立性

别人经常会告诉你应该怎么做。在家里有父母，在学校有老师，工作中也经常发生类似的情况，老板会告诉下属他们需要做哪些工作。但在将来，人们会共同做出决定，比如他们想要做什么、谁来领导他们。学会独立思考并为自己的行为负责至关重要。

→ 你可以试一下！选择一项你要完成的家务。你可以倒垃圾、早餐后洗碗或晚餐前在饭桌上摆好碗筷。尽量不需要父母询问和提醒。因为这是你分内的事情，你要学着负责。

创造性

人们在未来不必打扫和洗碗，因为这些工作都会交给机器人去完成。机器人能送比萨饼、遛狗、讲故事，以及完成许多其他事情……至于人类，则可以试着去做更多具有创造性的事情！未来我们会更欣赏那些能设计出不同寻常的游戏的人、那些谱出美妙乐曲的人。不要害怕幻想，未来一切皆有可能！

→ 现在你可以试着想出 5 种到达火星的方法。越不寻常越好！

在全新领域工作的能力

以前的职业更简单些：艺术家作画，程序员编写计算机代码，科学家进行研究……而现在，各种职业都具有跨专业的特点。例如，艺术家玛琳娜 · 阿布拉莫维奇在其创作中使用了测试大脑的仪器——脑电图。即使你已经明确了自己以后要从事的职业，也需要涉猎不同的领域。因为知道的越多，从事的工作就会更有趣。

→ 请你思考一下：时装设计师是怎样把植物学应用于服装设计的？计算机游戏会对老师有怎样的帮助呢？

编程

机器人变得越来越多，你需要学习如何与它们沟通。机器人通过特别的计算机语言——编程语言来表达。在未来，这种语言会变得和英语同样重要。如果你学会编程，就能做很多事情啦！

→ 如果你掌握了编程技能，你会教机器人做什么呢？

与人共事的能力

未来，所有人都会以或大或小的团队为单位工作。因此，学着与他人沟通十分重要。它意味着懂得倾听，不在琐事上斤斤计较，遇事学会商量，即使你并不喜欢这样。能够理解他人会让你受益匪浅。

→ 尽可能站在他人的角度看待世界。回忆一下与朋友的最后一次争吵，试着不再去责怪他们。他们是怎样看待那次争吵的？为什么他们认为错在你？你可以做些什么来避免争执？

读懂情绪的能力

从前，人们认为需要隐藏和压制情绪，但事实上，情绪与人的头脑一样重要。感知自己和他人情绪的能力被称为“情商”。它可以使人们明白自己的感受和需求，同样也能使人们认识到别人的感受和需求。尽管有时很难做到这一点，但情商和其他能力一样，都是可以培养的。

→ 你可以试着关注一下自己的感受。想想哪些事情会让自己感到高兴，哪些又会让自己感到沮丧，为什么会发生这些事情。

集中注意力

我们时刻都需要集中注意力。漫画、游戏、社交网络……有无数事物可以分散人们的注意力！可能爸爸妈妈不止一次地告诉你：“别走神！”学会专注于正在做的事情是非常重要的，因为将来分散人们注意力的因素会变得更多。想象一下，如果你需要同时制作机器人模型、回复设计师信息、给研发人员分配任务，这是多么困难的事情啊！

→ 试着一次只专注于一件事。例如，不要在吃饭的时候看书，或者散步时别戴耳机，然后注意你的感知发生了什么变化。你会发现自己吃起饭来更香了，散步时也会留意到更多风景。

关爱地球

像爱护自己一样关爱大自然是人类的重要任务之一。

一切都在急剧变化着，中学和大学里学习到的知识早就不够用了。许多人活到老，学到老。越早习惯不断学习，人生就会越轻松。就从现在开始吧：选择一些有趣的技能，并尝试着自我发展一下。这看起来似乎很复杂。但想想看，还有更多未知的事物在前面等着你呢！

关于未来的诗

可怜的学校

孩子们怕去上学，
可怜的学校也怕孩子们。
尖叫声一刻也不停，
嘈杂和喧嚣，
震得学校的窗户、门和窗框
一直摇晃。
墙上出现了裂缝，
屋顶被掀了起来，
学校真想大吼一声：
“请给我安静些！
我能藏到哪里去呢？
我要像一只自由的鸟儿，
飞向大海！”
黎明时分，学校挥动着门：
“再见了！
九月份再见！”

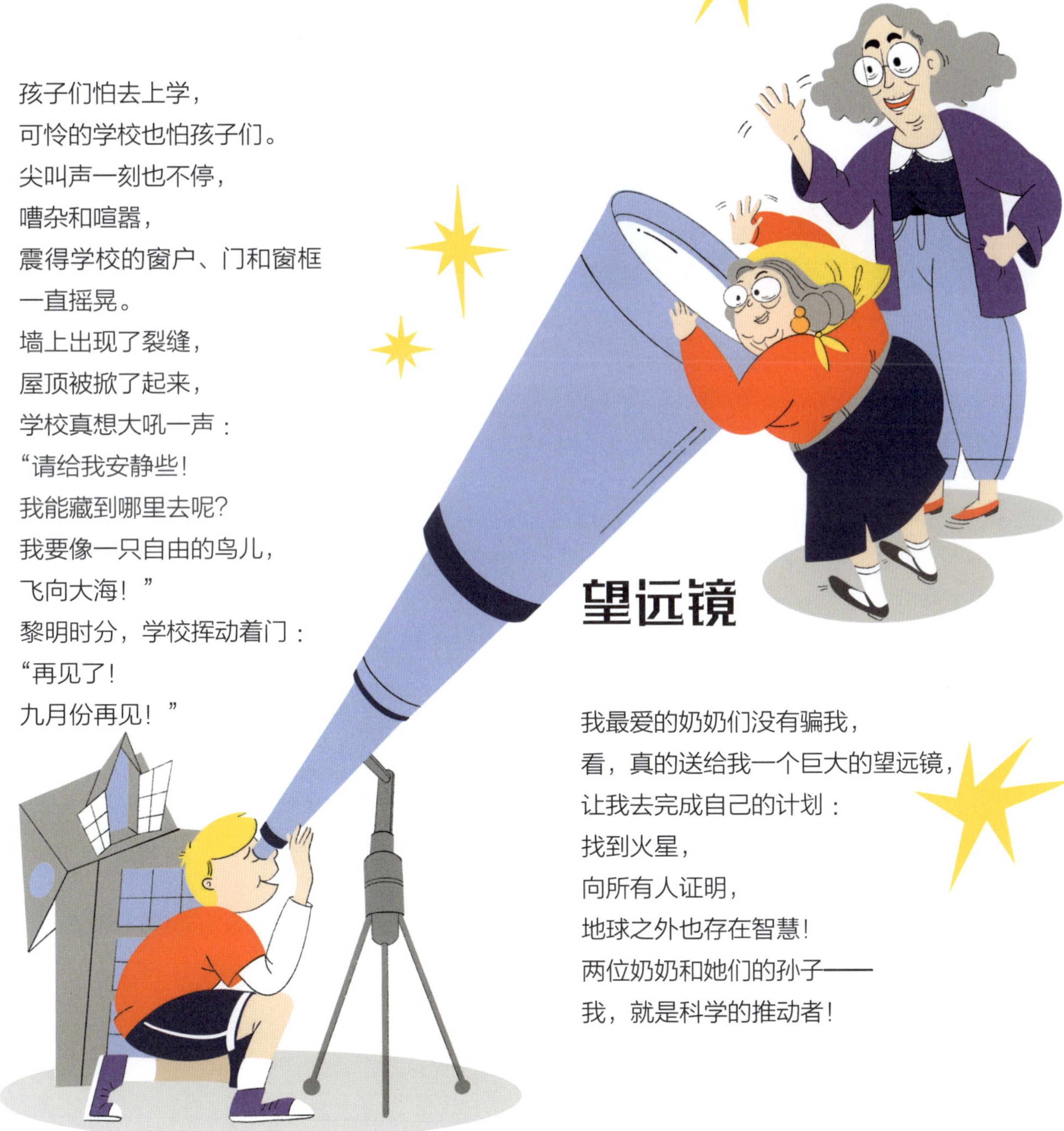

望远镜

我最爱的奶奶们没有骗我，
看，真的送给我一个巨大的望远镜，
让我去完成自己的计划：
找到火星，
向所有人证明，
地球之外也存在智慧！
两位奶奶和她们的孙子——
我，就是科学的推动者！

你会怎么做？

未来充满了未知。但有些人比我们更加了解未来，因为这正是他们的工作：他们需要展望未来，告诉我们未来会发生什么。有的人借助人工智能，利用大数据进行分析和判断；而有的人则关注当下，发掘那些可能在多年后改变我们生活的事情。

未来学家——丹尼拉·梅德韦杰夫

未来学就是对未来进行预测的学科。我的工作是要回答以下几个问题：未来的世界会变成什么样子？我们为此要做哪些准备？如何实现我们所向往的未来？

未来是无法被一笔带过的。例如，如今人们正在开发虚拟现实和混合现实技术。但这并不意味着 5 年后我们会生活在其中。与此同时，计算机、交通、医学也在发展，这些往往会互相影响。

因此，未来学家试图创建复杂的模型，并对未来做详细的描述。例如，我们会编制由多张地图组成的场景卡，其中描绘的不只是一条通往未来的道路，而是多条不同的道路。地图显示了未来可能会出现的几个发展节点，比如纳米机器人会不会出现，我们是否会开始编辑人类基因组，等等。

为了研究未来，我们还需要建立一个庞大的通用模型，因为人类拥有着共同的未来。人们会共同讨论未来，构想出大家都想要在其中生活的世界。将来甚至很有可能会出现“未来部门”。学校也会设立“未来学”这门课程，孩子们将像学习历史知识一样，去探索未来。世界正飞速发展，孩子们在学校学习的十几年，世界可能会发生巨大的变化，因此，有必要提前让学生认识我们将要面临的世界。

大数据分析员——玛丽娅·拉尔科娃

我现在从事教育工作。我们通过计算机分析数据，对中学生的未来做出预测。例如，我们可以判断出学生是否会去某所特定的大学学习或者年末他的某门课程会达到什么分值。

通过对比那些行为和兴趣极为相似的人的数据信息，我们可以得出预测的结果。这套程序具体是什么样子呢？假设萨沙是一名八年级的学生，我们收集了他在五、六、七年级的成绩，并观察他在哪所学校学习，上过哪些选修课，对什么感兴趣。然后，我们会找一些与萨沙相似但比他年长的学生，看看他们在八年级的成绩如何。萨沙未来的学习成绩很可能也会是这样。

我们每个人都能找到另一个与自己的数据信息极为相似的人。程序会根据我们在网上留下的“数字痕迹”，帮我们寻找这样的相似之人。我们的数据信息包括如居住地、学校、诊所、爱好等各个方面。在社交网络、城市和其他来源的信息系统中可以找到这些信息。我们可以收集此类数据，并对其分析，就像萨沙的例子所展示的那样，然后做出足够准确的预测。

当然，也有一些情况会改变预测的结果。例如，一个学生意外地看到了网络上的视频，突然意识到自己想要成为一名天体物理学家，而不是古生物学家。但一般来说，数据越多，预测就越准确。

当然，没有现代化的计算机技术，我们做不出如此准确的预测。计算机可以帮助我们发现意想不到的规律。但计算机并不能完全取代人类，因为我们需要的不仅是分析信息的能力，还有明确收集哪些数据的能力，需要知晓数据的来源、判断数据的格式。只有人类能做到这一切。计算机并不清楚收集数据之后需要做些什么。明确结果，得出结论，然后重新做出决定十分重要。而这没有人类的参与是万万行不通的。

最近，一项新的技术出现了，它被称为“机器自动化学习”。计算机明白自己需要哪些信息，然后针地性地进行搜寻。但即使在这种情况下，计算机也无法判断应当如何处理所获得的数据。计算机能否学会自己做出决策，目前我们尚不得而知，也许在未来的某一天会实现。

制片人——弗拉迪斯拉夫·赫尔姆

我们的制片中心正在研发电影公司以后要拍摄的项目。在过去的几年里，我们团队一直在着手研究未来世界的模型。拍摄科幻电影，需要认真考虑未来世界会如何发展。如果只按剧本在拍摄场地进行拍摄，绝对拍不出好电影。像《阿凡达》《钢铁侠》等经典电影中的每一个细节，都经过了仔细地推敲。我们所要做的工作就是尽可能详细地模拟出未来的世界，这样后期就可以演绎出不同的情节。

2015 年，联合国把可持续发展定为全人类的共同目标。因此，我们将可持续发展作为构建未来世界的基础。例如，消除贫困和饥饿，保证全人类享受纯净水、医疗帮助和高质量教育。想象一下，如果这些目标能在 20~50 年实现，那时的世界会是什么样子。

在我们的未来世界模型中，汽车会飞，地球上的许多环境问题都会得到解决。人类正积极开发宇宙空间，能够入住太空的不是什么大人物，正是我们普通人。部分居民会移居到海洋的浮岛上生活。他们利用清洁能源——太阳能，食用对生态无污染的食物。由于靠近赤道，岛上一年四季都很暖和。总之，人们过着幸福的生活。除此之外，个人和国家间的关系也许会发生变化，人们的自我意识也会发生转变。一般来说，创作一部优秀的关于未来的家庭电影，要比拍摄一部关于世界末日的电影复杂得多。因为后者需要毁灭一切，只留下几个生还的人并让他们继续活下去，这其实很容易刻画。但若要形象、生动地描述人们在未来是如何真实地生活的，像我们现在的生活一样，就变得困难多了。

这样的未来模型是无法单独完成的。在研发过程中，我们邀请了众多来自不同领域的科学家与专家学者。我们每天都会有许多新发现，世界各地的学者会积极对此提供新的解决方案。我们听取他们的想法并把它们补充到我们的模型中。未来世界究竟会是什么样子的呢？让我们一起拭目以待！

想要看一看关于未来的电影或者动画片吗？请翻阅第 66 页。

地球的未来

生机勃勃的城市

城市在我们眼中不断地成长与变化。现如今，环保材料、电动汽车、节能系统不断涌现。那么，30 年后，城市将会变成什么样子呢？让我们来畅想一下！

城市农场

未来的城市将绿意盎然。房子里里外外——屋顶、外墙、广场空地，到处都有植物的身影。它们互相连接，形成统一的生态系统，如同城市森林。在这个系统里，水以及所有维持生命所需的必要元素都在不断循环。植物可以不断净化空气，人类能够感受到同自然亲密的关系。当然，你还可以在家里以及一些公共空间种植水果和蔬菜。

智能材料

我们将使用智能材料。这些材料可以自我修复、自我清洁、自我调节以适应周边的环境。它们不仅被用于建造房子，还被用于制造一些易磨损的消耗品。

道路与汽车

无人驾驶汽车在城市中穿梭。每一辆汽车都能准确知道其他汽车的位置。它们作为一个整体，一起工作。发动机由电力或其他清洁能源驱动。城市的道路也和现在不同。城市的地下修建了越来越多的道路，这样可以给行人和公园腾出空间。

水上建筑

地球上的人口增长迅速，因此，我们不得不着手开发水域，在水上或水下修建新型建筑物。

建筑表面

建筑的墙壁和屋顶不是只能作为外观。人们可以在建筑的外墙上种植可食用的微藻，屋顶的太阳能电池也会源源不断地发电。

资源

过去，我们使用了太多的塑料、纸张和铝制品。现在，我们在尽可能多次回收利用的前提下使用这些资源。将来，我们使用的大多数环保材料都可以实现自然降解。

机器助手

机器人不仅能帮我们建造房子，如果客厅和卧室需要调换位置，它们还能帮忙重新布置房间。许多家庭还会有3D打印机，你可以使用生物材料打印任何需要的物品，然后无障碍回收利用。

学校

我们在学校将不再学习抽象的理论，而是通过各种项目实践，同时获取不同领域的知识。我们的课堂更像是能够进行各种实验的实验室。当然，在未来的学习生活中，我们将会和人工智能开展更多的协作。

我们的地球热极了

我们的生活与地球紧密联系，甚至我们没有意识到，自己正影响着周围发生的一切。我们要尽力做到不让地球“生病”，否则人类的未来将会面临许多问题……

地球正经历困难时期。你可能也注意到，我们生活的世界正在悄悄发生变化：冬天并不总是冰天雪地，而夏天可能更加酷热难耐了，世界上许多地方发生火灾、洪水的频率越来越高。这些都是气候变化的后果。

人们有时会把气候和天气混淆，但这两者是不同的。气候是一个地区大气的多年平均状况。天气预报也许会经常出错，无法准确预测降雨；但气候与天气相比是稳定的，并能持续这一状态数十年。

地球上的气候一直在变化，但现在它变化得越来越快。这是因为人类活动干扰了地球的生命节奏。我们燃烧化石燃料（石油、天然气、煤炭等），因此，大量的二氧化碳被排入大气中。森林非常珍贵，因为它们可以吸收二氧化碳并回馈给我们氧气，我们却不加节制地砍伐森林。最终，大量的温室气体被释放到大气中。它们让地球不能消减多余的热量，从而导致地球过热。

在过去的 100 多年里，地球的温度每年平均增长约 1℃。1℃似乎很少，但对地球而言，意味着巨大的变化。冰川迅速融化，海平面上升，洪水、飓风和火灾频繁发生。而俄罗斯的升温速度则是世界平均速度的2.5倍。

如果人类不团结起来共同应对气候变化，后果将是不可逆转的。科学家们认为，如果不采取紧急措施，到下个世纪，地球的温度可能会升高整整 3℃。与此同时，海洋里的水会剧增，沿海的数百万居民将失去家园，风暴的频率和强度也会增加，几乎所有的珊瑚礁都将消失，其他生态系统也会遭到破坏。

保护地球，人人有责。快和朋友、家人一起来拯救地球吧！不必急于求成，就从身边的小事做起吧！

1. 节约用电

当房间没有人时要熄灯。最好将普通灯泡换为节能灯泡，因为它们耗电少、持续工作时间长。拔下不使用的电器的插头。即使关闭了笔记本电脑，笔记本电脑仍需少量电能，这些电能主要靠消耗化石燃料产生。

2. 随身携带可多次使用的水杯

塑料是用原油制成的，因此，不要过度使用塑料制品，特别是一次性用品。 尽量不要使用塑料杯、塑料勺、塑料吸管和塑料袋。由于森林和海洋充斥着塑料垃圾，动物们正遭受苦难。 在生产这些一次性用具的过程中，会产生大量的温室气体。请你选择可多次使用的物品代替一次性物品，减少不必要的消费，并尝试修复损坏的物品。

3. 垃圾分类

家中产生的垃圾可以回收利用。记得对垃圾进行分类并把它们移交到接收站点。你可以参阅相关资料，了解如何进行垃圾分类。

如果我们不将垃圾分类并进一步处理，而是将所有垃圾扔进一个垃圾箱，那么地球将被巨大的垃圾场覆盖，我们也终将为其所害。垃圾场还会排放有害气体，并改变我们的气候。

4. 环保出行

汽车行驶使用的汽油是由石油加工而来的。如果你需要去某个地方，可以步行、骑自行车或踩滑板车。当要去的地方太远时，你可以使用公共交通工具。公交车可同时载很多人，因此，它们对地球的危害要小于家用汽车。如果你们和父母要去另一个城市旅行，尽量乘坐火车，而不是飞机。当然啦，如果你需要漂洋过海时，还可以选择轮船等其他交通工具。

现在，你学到了一些环保小妙招。请试着在这座城市和各种楼房中找到可以做得更环保的地方。每找到一处，你会获得 5 分，总共需要找到 15 处哦！如果你能获得 60 分以上，地球将被拯救！

ПРОДУКТЫ

冬季就要来了

在全球许多城市，人们在冬季却迎来了盛开的鲜花和变绿的小草儿。雪下得很少，几乎立即就融化了，一同降落的还有毛毛细雨。望着那映射出圣诞绚丽灯光的一汪雪水，很难相信，我们仍生活在第四纪大冰期。而温暖的今天——只不过是间冰期的一个小插曲，它很快就会结束。到那时，地球将重新被冰川覆盖！

在地球悠久的历史中，曾发生过多次平均历时 2 亿年的巨大寒潮。 它们被称为地球的“冰期”。

第一个冰期

第一个冰期发生在很久以前——大约 30 亿年前。由于有关这一时期的可靠信息很少，第一个冰期显得神秘莫测。在这段时间，地球上只有最简单的生命：细菌和古生物。你的头发甚至比它们中体积最大的都要粗上 10 倍。

第二个冰期

第二个冰期开始于 25 亿年前。那时的地球几乎变成了坚实的雪球：海洋被冰山和浮冰覆盖，雪山堆积在各大洲。 要是再冷一点，地球很有可能就会被永久冻结。由于积雪能够反射阳光，从而避免地球升温，因此，如果地球的三分之二以上被冰覆盖，那么地球就几乎不会化冻了。

地球诞生了；出现了第一批细菌	第一个冰期	微生物的地球	第二个冰期

第三个冰期

由于人们在今天的非洲地域发现了第三个冰期的重要踪迹，所以第三个冰期又被称为“非洲之冬”。这个冰期始于约 7.5 亿年前，历时 2 亿年。地球几乎又变成了宇宙里的雪球。大陆上分布着几千米厚的冰川。这是最残酷和最严峻的冰期。但当它结束后，地球上诞生了许多大型生物。地球不再只是微生物的星球。海洋中出现巨型藻类、海蘑菇和类似充气垫的奇怪生物。

第四个冰期

第四个冰期发生在 4.5 亿年前，冰川覆盖了五分之一的大陆。在这个冰期，鱼类以及陆地脊椎动物（从青蛙到大象）相继出现。在冰期就要结束时，我们人类遥远的祖先——似哺乳类爬行动物，已经成为地球上的主要居民。 由于冰期即将结束时温度波动很大，地球陷入冷热交替的状态。生物开始大规模灭绝，似哺乳类爬行动物的时代结束，恐龙的时代就此到来。这些爬行动物生活在一个温暖的时代，即使在最偏远的北极和南极附近，也生长着茂密的森林。恐龙时代持续了大约 2 亿年，最终也结束了。

出现了哺乳动物、恐龙、鸟类、翼龙……

间冰期：冰期间相对温暖的时期	第三个冰期	海洋中的大型复杂生物迅速生长	第四个冰期：大陆上出现了似哺乳类爬行动物。	几乎所有的似哺乳类爬行动物都在大规模灭绝中消失

冰期的形成原因仍然很神秘。科学家们提出了许多种假设。有人认为地球的冰期可能与火山活动剧增有关。火山向高空喷出的火山灰进入大气，反射太阳光，导致地球降温。也有人认为这可能是太阳作用发生变化，或者地球的角度发生倾斜。还有人将冰期的形成全部归因于进入大气层的宇宙粒子过多导致的云层堆积。但有一点很明确，地球历史上酷寒的冰期远不止一次。冷暖时代的交替是地球的特征之一。

恐龙灭绝后，地球迎来了间冰期，并在3000 万年前再次迎来冰期。这次冰期被称为“南极之冬”。而人类的出现则成为这一冰期的重大事件。

地球过去的冰期平均历时 2 亿年。最后一次冰期是著名的冰河时代，当时的欧洲和北美洲被厚厚的冰层覆盖，大象和犀牛身上都长着厚厚的皮毛。

1 万年前的寒潮结束后，间冰期到来了。这种温暖的时期通常持续 2 万年。也就是说，我们现在生活的时代正处于间冰期。1 万年后，地球将迎来更猛烈的寒潮。

地球气候温暖的时期被称为“温暖期”。在这一时期，全球气候呈现相同的特点，极点几乎同赤道地区一样温暖。

寒冷的时期被称为“冰川时代”。在冰川时代，全球气候变幻莫测：寒冷和温暖交替出现。每个冰川时代由 3~6 个冰期和间冰期组成，这些时期可以分为更小的、平均持续几千年的冰期和间冰期。

地球的冰期能够鞭策生命进化，因为有机生命体只有进行大量的改变和创造，才能在酷寒的环境中生存下来。

未来，地球也许会在 2030 年迎来一次大规模的寒潮。首先到来的可能是小冰川时代——气温骤降但持续时间短。上一个小冰川时代发生在大约 400 年前，那时冰覆盖了博斯普鲁斯海峡，人们可以从黑海滑冰到地中海，欧洲的鸟类大多在飞行途中被冻僵。在这之后，气候会变得更加寒冷。

但是地球的第五个冰期可能与以往的冰期有所不同。人类很大程度上干预了地球的生命进程。人们对石油、煤炭和天然气的提取和加工，使大气层充斥着温室气体。这些温室气体聚拢了温暖的阳光，使地球的温度逐渐升高。 在过去的 100 年里，地球温度整体增长约 1℃，几乎有十分之一的冰川融化。你可以把自己想象成一座冰川。现在，瞧，你的头已经融化不见了！

地质学家认为，气候变冷是无法避免的，并且几百万年后，冰川将再次在欧洲和北美洲蔓延，海洋里也会挤满成堆的冰山。但气候学家认为，气候不会变冷，相反，人们会改变气候变化的过程，随之到来的是全球变暖。究竟谁的观点是正确的——未来会告诉我们答案。

几十亿年后

今天的我们很了解地球以及它的过去。通过研究历史，我们能够更好地描绘地球未来的图景。几十亿年后，地球会变成什么样子呢？我们一起来看一看吧！

2亿年后

往窗外看，你会看见坚实的地面。地面上矗立着楼房，生长着草丛和树木，人们在地面上行走，火车和汽车在地面上行驶。一切看起来那么简单，似乎没有任何变化。但这只是一种幻想。

如果把地球比作苹果，那么地球坚硬的外壳不会比苹果的果皮厚。在这种“果皮”下，隐藏着岩浆。它正绕着炽热的地核流动。

实际上，我们生活在一座巨大的核电站的上方。在我们的下方，有一股巨大的力量在涌动，这股力量会导致火山喷发、地震、大陆频繁移动。

大陆的移动几乎不会被人类察觉。它们沿着岩浆火海“游动”的速度，比我们指甲生长的速度还要慢很多。大陆 1 年只会移动几厘米。但 100 年后，大陆就会发生 2 米左右的位移。1000 年后，位移会长达 20 米。100 万年后，大陆会发生约 2 万米的位移。

大陆漂移会遵循一定的规律。因此，我们不仅能够描绘过去的景象，还可以预测地球未来的模样。

我们所熟悉的大洋和大洲，在 6000 万年前就已经形成了。你可能认不出地球之前的模样：西伯利亚位于热带地区，现在俄罗斯的莫斯科和圣彼得堡位于赤道的两边。但它们不断地向彼此靠拢。

事实上，各个大陆一直在经历向彼此靠拢然后分裂的循环过程。它们最开始是一个整体（盘古大陆），然后向不同方向分散。大陆的周围是辽阔的海洋。

今日世界上大洲和大洋的分布情况就是这样形成的。但是，地幔的热岩流动已经开始将它们重新组成一个整体。

各个大陆聚合在一起需要很长时间。首先，非洲大陆会向欧洲大陆靠拢合并，地中海会消失。在西班牙、希腊和土耳其的度假胜地，会耸起和喜马拉雅山一样高的雪峰。澳大利亚会和亚洲大陆组合在一起，南极洲大陆和南美洲、北美洲大陆也会与它们连接。2 亿年后，所有的大陆会再次汇聚成一个超级大陆——新盘古大陆，它的形状类似于字母“o”。就算没有轮船和飞机，人们骑着自行车也能够到达世界的任何一个角落（只是那时也许你已经很难再找到自行车了）。

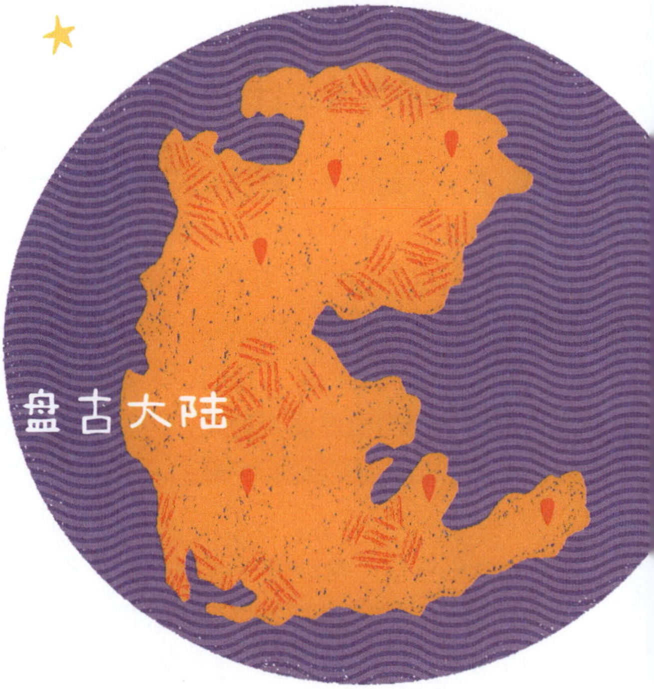

之后，各个大陆又会开始离散。地幔的力量能够使它们不断地聚合和离散。想像一下，未来的大陆会是什么形状呢？

之后地球会发生什么?

现在，地球处于自己的历史中段，如果将它比喻成一个能活到 80 岁的人，那么现在它大概已经 40 岁了。在它生命的后半段，会发生什么故事呢?

随着时间的流逝，我们的太阳会变得更加明亮。这与恒星演变有关：恒星最开始暗淡无光，但会渐渐地明亮起来。地球也就变得越来越热。

5 亿年后，地球变得异常炎热。赤道变成了火炉，地球上的生物开始大批死亡。一切都朝着与进化相反的方向发展。

最后出现在陆地上的恒温哺乳动物和鸟类是最先灭绝的，因为它们无法抵御酷热。紧跟在它们身后灭绝的是两栖动物和爬行动物。之后是昆虫、蝎子、蜘蛛、蠕虫……它们最先出现在陆地上，也将最后灭亡。而在海洋中，鱼和珊瑚将最先消失，之后是软体动物。最终，所有高度组织化的生命体都会消失，地球将再次变成微生物的星球，而它的居民也将变成单细胞生物。细菌菌落将聚集在水下，以躲避来自太阳光线的热量。

10 亿年后，大洋开始蒸发。这个过程并不迅速，还需要几十亿年的时间。海水蒸发过后，所有重型铁元素进入地核，地幔对流停止，大陆也不再移动。

大洋蒸发时，地球变得如同沙漠一样干旱，就像现在的火星。然而不久之后，海水的蒸发使得海洋底部的沉积物显露出来，积聚形成温室气体。这些气体进入大气层，导致厚厚的二氧化碳云层飘浮在地球上空。于是，我们的星球变得像炙热的金星，其表面的温度将达到 500℃。

而太阳会更加灼热。二氧化碳云层最终也会蒸发，地球会变得像水星一样。这将在35亿年后发生。这时，最易成活的细菌也将消失。地球的生命史在这一时期结束，但是地球本身的历史还将持续很久。

70亿年后，太阳开始变成红色的巨星，它像气球一样膨胀。在干涸、没有生命的地球上，炽热、模糊的太阳占据了天空。白天，岩石会像酷暑时节的冰淇淋那样迅速融化。而晚上，岩石又会重新冻结成形。

当太阳非常接近地球轨道时，会脱落自己的外壳并急剧变小。它会变成地球大小的矮星，但要比现在明亮数千倍。但太阳的发光期不会很长。它会逐渐冷却并改变颜色。起初它会变成白色，之后是绿色、蓝色、黄色、橙色、红色，最后变成黑色。

地球会随太阳一同冷却，并继续绕着这颗死星旋转。也许，地球能够摆脱太阳系的限制，如一颗孤独的星球，在太空中流浪。而在很久以前，这个星球上存在着丰富多彩的生命……

末日之诗

夜晚，
窗外的灯亮着。
风吹动树木发出响声。
瓦尼亚躺在床上，眼睛看着天花板，
仍未入睡。

我们能够做些什么？
我们应该变成什么样子？
我们的世界濒临崩溃的边缘！
愚昧的鸟儿在附近的森林里，
唱着寂静的歌。

天空明天就要裂开，
响声会贯彻双耳，
八百吨重的巨石
砸向瓦尼亚的家！

当巨石从黑暗中坠落地球时，
我们该如何保护自己呢？
瓦尼亚决定：
用超级核火箭击中巨石。

但是，该拿残骸怎么办？
地球上会火星四溅，形成漫天火雨。
瓦尼亚决定：
暂时在火箭里观望。

最好还是把巨型火箭拖船送到太空。
它能够移走小行星，
拯救人类世界。

梦拥抱着瓦尼亚，
用轻盈的手将他带到上空。
小男孩顿时不再平静：
怎么是灰色的黏垢？！

一群小型机器人，
一群小猛兽，
为了组建新机器人，
都被分解成原子。

山川，河流，森林，海洋，
猛兽，人类，鸟儿——
一切变成了灰色的黏垢！
瓦尼亚根本无法入睡。

他绷紧了神经，
靠直觉和猜测寻找答案。
需要巨大的电流，
一次性烧毁机器人。

瓦尼亚深呼一口气。
一切都已沉睡。
他闭上眼睛——
感受到床在剧烈摇晃，
伴随着地球震动。

这座巨型火山没有沉睡，
而在地球的深处生长。
它将在黎明爆发，
火力强过甲苯炸药和甘油火药。

熔岩，烈火，灼热的烟雾，
空中布满烟尘。
灰烬笼罩着整座城市，
世界沉入黑暗之中。

如何保护好我们脆弱的生命？
如何拯救我们的民族？
在火山腹部打井，
从中汲水！

夜晚渐逝，鸟儿醒了过来，
在公园里叫嚷着。
太阳拖着光线，
明媚地闪烁着。

思绪像飞蛾般起舞，
瓦尼亚眯起眼睛望向光：
如果爆炸危及太阳，
导致整个互联网瘫痪，会怎么样呢？

汽车醒了过来，
工厂醒了过来，
地铁、火车也醒了过来。
邮轮一头扎进码头，
哪里也不去。

收音机沉睡着。
电话沉默着。
收银台和电梯站着。
公园里疲惫的游乐设施不高兴了。

如何在这次打击里实现救赎？
如何维持秩序？
要在太空中展开反射镜，
保护大气层……

家里面一切都醒了。
茶壶沸腾。
忙乱的早上，
但瓦尼亚还在熟睡，
心儿浸在纯净的梦中。

瓦尼亚努力了很久。
他累了。
夜里的每个小时，
瓦尼亚都在拯救我们的星球，
并最终解救了它。

猜猜看，这是什么？

森林里生机勃勃。但动植物并不总是图片里的样子，它们中有一些会经历变形。请你浏览下方照片，然后猜一猜，它们最终会变成什么样子？

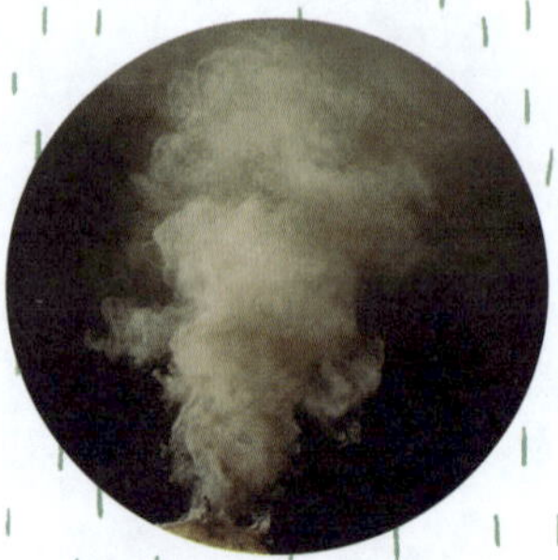

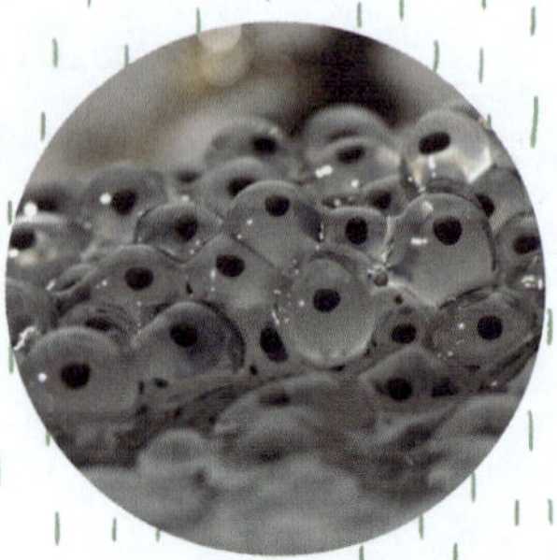

铁罐子

铁罐子“砰砰”地撞着地，
伊万沿着路行走，
八个惊讶的火星人，
跟在他后面。

他们在地球上空驾驶着火箭，
却怎么也想不通，
为什么要踢这个生锈的铁罐子？

“这里有某种微妙之处，
但在天上我们猜不出。
显而易见，需要亲自踢一下这个罐子！”

第二天一大早，
伊万透过窗户看见，
八个蓝色的火星人，
在楼下踢着铁罐子。

从过去到未来

如何步入未来？

任何物品，不管是旧硬币，还是埃及法老的战车，或者是渔夫的防护帽，都可能被完好无损地保存下来。它们只需要待在博物馆里就好了。但那些看上去似乎没有什么价值的东西该怎么办呢？它们有机会延长自己的寿命，并看到 100 年、500 年、1000 年，甚至 50000 年后的世界吗？

黄鼠的小仓库里都储存了些什么呢？

32000 年前，一只小黄鼠挖了个洞，把种子拽进洞中，给自己建了一间过冬的储物仓。最近，科学家们在冰川里找到了这个洞，他们欣喜地发现：洞中竟保留了数十万种不同形状的种子和果实。生物学家从其中一粒在西伯利亚永久冻土层沉睡多年的种子中提取了细胞，并成功培育出一株开小白花的植物——窄叶蝇子草。正是小黄鼠的储存习惯和冰川作用使种子留存了下来，并延续到了未来。

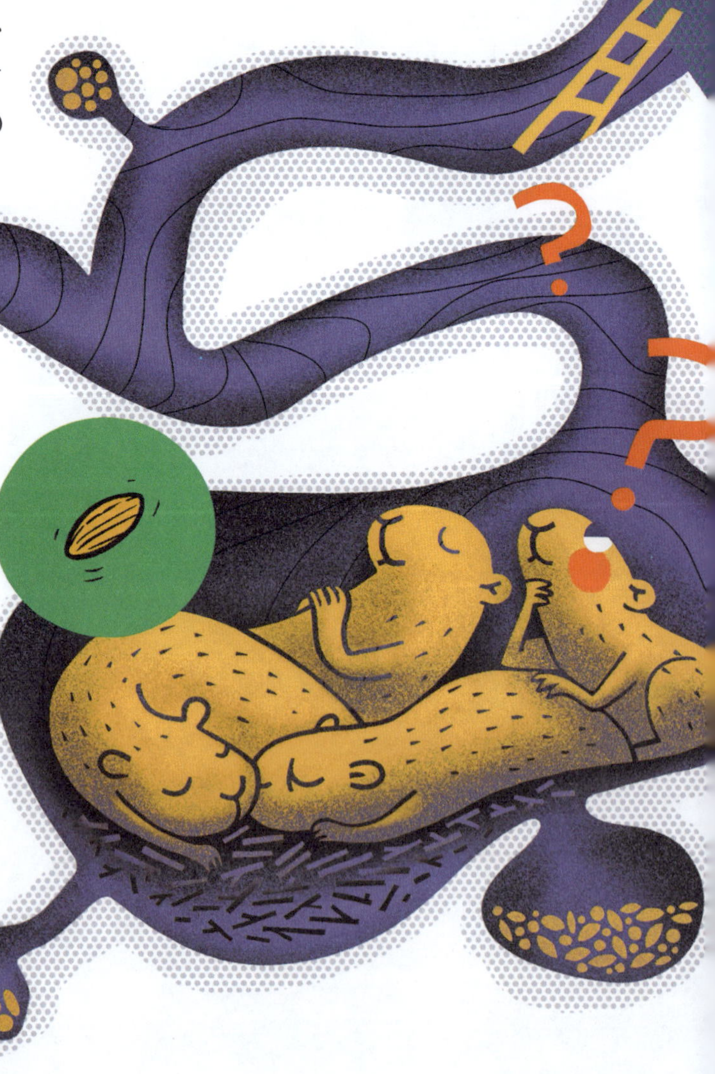

冰封的木乃伊身上都有什么？

1991 年，游客赫尔穆特和埃里克 · 西蒙偶然间在阿尔卑斯山脉发现了一具冰封的木乃伊。在他的身旁有大约 70 件物品：衣服、武器、树皮盒和保存完好的石刀等。

事实证明，这具冰尸和相关物品已经有约 5300 年的历史了。

科学家们对这具木乃伊进行了长期研究（人们以他被发现时所在的地点对其进行命名），已经能够复现其大致的样貌，也能了解到他的习惯，包括吃什么、穿什么和做什么。

得益于长达几个世纪都不曾融化的冰，物件被完好无损地保留了下来，人们才能还原这具木乃伊的细节特征。他先是试图用树皮盒中的煤炭点火，然后想做完弓箭并制作一些新箭头。在他的箭袋中，人们发现了两个带有羽毛的成品箭头和用石头制作的 12 件半成品。如今，他的箭袋、弓箭、弓弦和尚未制作完成的箭可以称得上是世界上最古老的狩猎套件。

为了保护这具木乃伊免遭损坏，人们将其放置在一个模拟冰川的特殊冷藏室中。参观者可以通过小窗户看到他。如今，木乃伊和其他被找到的物品被存放于意大利博尔扎诺市的南蒂罗尔考古博物馆中。

如何把奶油藏起来？

2009 年，工作人员在爱尔兰的一片沼泽里意外地发现了一样布满泥炭的东西。他们把它取了出来，发现竟是一个由树干制成的带盖子的小桶，里面有奇怪的白浆，看起来很像石蜡。

这实际上是大约 3000 年前的奶油。很久以前，有人用砍下的橡树木材做了一个小桶，里面放入了 35 千克的奶油，并把它藏在这片沼泽中。为什么要这样做呢？科学家们也不清楚。也许是储存奶油来度过饥饿的日子，也许是不想让敌人发现这些奶油，也可能是因为放在沼泽中的奶油会变得更美味。

正是泥炭让这桶奶油得以在许多世纪后的今天重现。泥沼里温度很低且十分潮湿，是一个酸性环境，几乎没有氧气，而这便是保存东西的极佳条件。

当然，现在这些奶油已经不能食用了。一方面是因为期限过长不宜食用，另一方面是因为它具备极高的博物馆收藏价值。科学家们将桶晒干，对桶和奶油进行了特殊的蜡液加工，将其交由爱尔兰国家博物馆保存。

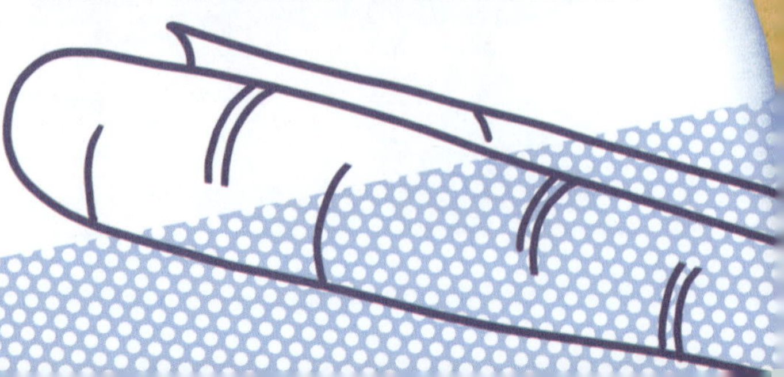

弄丢的笔记本

13 世纪中期，在诺夫哥罗德[①]，一个叫昂韭姆的男孩走在街上时，不小心弄丢了自己用来学习写字的一打本子，而这些本子在该地留存了整整 7 个世纪。1956 年 7 月，人们在考古挖掘期间发现了这些本子。

这其实是记录在桦树皮上的笔记，就像现在学校的笔记本一样。只是当时人们并不是用墨水书写，而是用削尖的木棒划刻。

昂韭姆不仅学习写字，也经常画画。他在一份笔记中画了一匹马和一位勇敢的骑士。这位骑士用矛刺死了敌人。骑士的旁边还签写着“昂韭弥也”（这是“昂韭姆”在古代的发音）。自画像旁还留有空白，看起来是昂韭姆想起了功课，然后胡乱写了字母表的前几个字母。

这些笔记是怎样来到我们所在的时空的呢？诺夫哥罗德的土壤极其潮湿，树皮笔记就好像一直浸放在水中，与氧气隔绝，因此树皮并没有腐烂，而且完好无损地保留了几个世纪。这要感谢昂韭姆，要是当年他没把笔记弄丢，也许我们就不能看到它了。如今，这些笔记已成为最著名的古代儿童绘画作品之一，人们可以在位于莫斯科的国家历史博物馆里看到它们。

在三十世纪

当三十世纪到来，
我们会变得同希腊人一样古老。
四季轮回，
我们成为过去。
我们上学时的练习簿，
会让所有人激动、兴奋。
有人拿起奥尔洛夫的本子，
艰难地分析着那些词句，
惊讶道：“古代的‘奶牛’还带着字母 A”！[②]

为什么语言会发生变化呢？请翻阅第 57 页。

译注：①俄罗斯的一个古老的城市。
②奥尔洛夫在练习簿上拼写“奶牛”时出现了失误，将俄语单词“Корова”写成了“Карова”，而未来的人们却以为这是 21 世纪“奶牛”的正确写法。

时间胶囊

时间胶囊是寄给未来的朋友或未来的自己的信件、照片、有意义的物品。人们期望通过邮寄这些物品来保存当下。因为“当下”的某个事件会变成意义深刻的“过去”。下面是一些著名的时间胶囊。有趣的是，未来人们能理解其中蕴含的深意吗？

1938年纽约的时间胶囊

胶囊是由铜、铬、银合金外壳包裹的防火玻璃容器，重363千克，长2.3米。该胶囊将于6939年被打开。胶囊内部是一组象征着20世纪成就的物品，其中包括现代文学巨著、绘画美术作品、微型胶卷，还有用于欣赏这些物品的专业显微镜。胶囊里还有前人留给后代的信息，比如阿尔伯特·爱因斯坦写给后人的一封信。

地下密室里的文明

这是1940年尘封于美国布鲁克黑文市的一个蓄水池旧址，长6米，宽3米，高3米。它将于8113年被打开。这里面有大量的物品，包括衣物、玩具、餐具、百科全书、历史书、报纸，以及电影胶片。

1938年的时间胶囊，
6939年开启

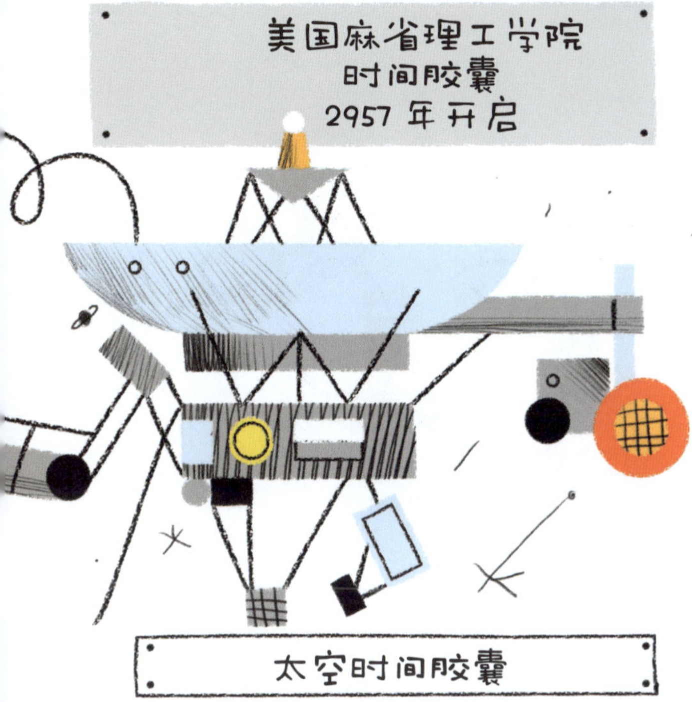

美国麻省理工学院时间胶囊

这是一个充满氩气的玻璃圆筒。胶囊于 1957 年被藏了起来，上面写着：2957 年前请勿打开。它是在 2015 年校园施工时被偶然发现的，由于玻璃看起来完好无损，便再次被埋藏起来。里面除了照片、报纸和信件，还有一瓶青霉素。青霉素是人们发现的第一种抗生素，拯救了许多人的生命。

太空时间胶囊

这个放在铝制盒子中的镀金光碟，于 1977 年被安装到航天器“旅行者 1 号”里。事实上，它不是为人类设计的，而是为外星人设计的。

它现在距离地球 220 亿千米远，并以每年 5 亿千米的速度远离地球。

光盘里存有重要的科学数据、地球外观以及动物和人类生活的照片。除此之外，光盘还储存着 55 种不同国家语言的简短问候和一些其他的声音：母亲的絮语、孩子的啼哭、鸟类和猛兽的叫声、风声、雨声、火山爆发和地震的声音，还有巴赫、莫扎特、贝多芬、斯特拉文斯基的作品，路易斯 · 阿姆斯特朗的爵士乐以及许多国家的民族音乐。

你的未来图纸

你的身体也是一种“时间胶囊”，在你的细胞中储存着关于过去的信息，你能够把这些信息带给未来。我们通过这些信息，能够发掘更多有关人体的秘密。

DNA是什么？

你身体中的每一个细胞都有自己的遗传信息，机体就是根据这些信息进行自我建构。这些遗传信息如同“图纸”，保留在 DNA 分子中。当你还在妈妈的身体里的时候，你的 DNA 就已经被写好：你的器官该如何开始工作，你的外表是什么样子，甚至包括你患某种疾病的概率……DNA 蕴藏着悠久的历史。你从父母那里继承它，其中的一半来自妈妈，另一半来自爸爸，而他们的 DNA 也是来自他们的父母。同时，你也把这些遗传信息带给自己的孩子。

DNA中记录着什么？

DNA 分子是由两条链组成的，并按反向平行的方式盘旋成双螺旋结构。脱氧核苷酸是 DNA 的基本单位，由脱氧核糖、碱基和磷酸构成。其中，碱基有 4 种，生物学家用简单的字母代指他们，即 A、T、G、C。DNA 中所有信息都蕴藏在这几个字母中。

碱基的排列顺序决定机体的不同特征。比如说，在某种排列组合下，人的眼睛是蓝色的；在另一种排列组合下，人的眼睛是棕色的。由于碱基排列顺序的差异，有的人音准好，而有的人音准较差；有的人服药立即见效，而有的人服药却见效缓慢。

细胞如何读懂DNA的指令?

细胞可以合成特定的蛋白质。例如，胰腺细胞会产生有助于消化的蛋白质。视网膜内部的细胞在光的作用下形成一种物质，这种物质帮助我们形成有色视觉。

但是细胞如何得知它要产生哪种物质呢？它需要在 DNA 中寻找答案。DNA 中碱基的排列顺序决定了所需蛋白质的配方。

细胞在复杂分子的帮助下读取遗传信息，并将 A、T、G、C 转化为更小的分子。而这些分子已经将指令送至细胞内特定的“生化工厂”，在那里合成蛋白质。

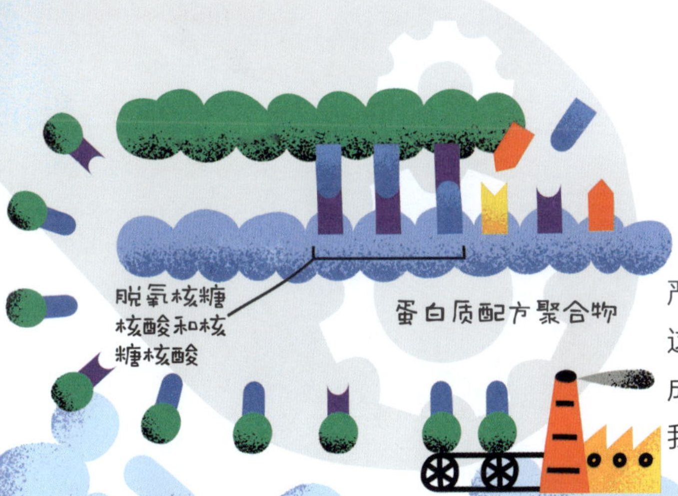

指令如何下达到每个细胞?

每个细胞都需要一条指令。因此，只要体内的细胞分裂，DNA 就会被复制。DNA 复制主要包括 3 个阶段。首先，DNA 螺旋的双链解开。之后，分别以一条链为模板，进行复制。最后，按照碱基互补配对的原则，合成新的 DNA 螺旋。碱基互补配对具有规律性，因此，DNA 的复制通常是精确的。

如果指令出现错误怎么办?

有时，DNA 的指令会出现错误，比如，本该出现在 DNA 中的某种碱基变成了另外一种。这种错误被称为突变。

一些突变可能具有危险性，比如，导致细胞开始失控分裂，并因此引发疾病。

基因工程师如今已经在尝试修复这些错误。他们已经能够“切割”DNA，并且能把不正确的碱基排列修复成正确的。但是由于“手术”十分复杂，生物学家现在只能够对单个细胞的 DNA 以及实验室动物的 DNA 进行修复。我们现在还没有能力在完全无风险的情况下调整人类所有细胞中的 DNA。

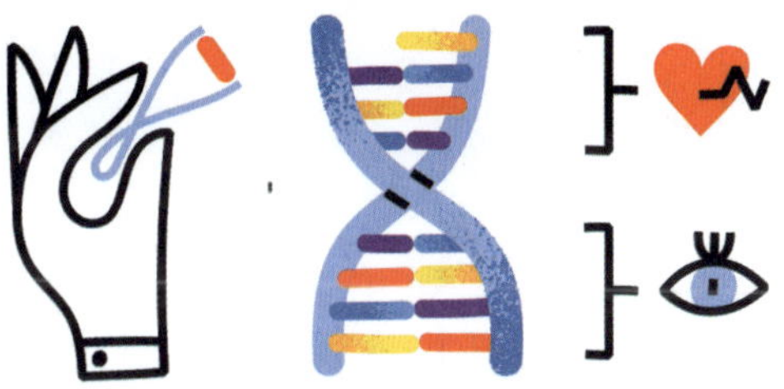

通常来说，突变不会导致细胞工作发生严重变化，有时甚至可能有益。正是得益于这些累积了数十万年的“错误”，我们才能变成现代人。有益的“错误”如今继续保存在我们的身体程序中，并在未来延续下去。

我更年长

在我们的时代，科学家能够准确地判定动物的年龄。实际上，1000 年的橄榄或者 100 岁的鲸鱼都不足为奇。一些动植物生活了很多年，在它们的记忆中，不仅许多国家和地区发生了变化，而且整个文明也发生了改变。它们的后代有机会见证更远的未来。

亚达伯拉象龟

圣赫勒拿岛上住着一只名叫乔纳森的雄性亚达伯拉象龟。据传，它是 1832 年孵化的，也就是说，它已经 190 多岁了！他在 50 岁的时候，从塞舌尔群岛（它的故乡）被带过来。如今，乔纳森已成为当地景点，它的形象甚至被绘在硬币上。

→ 19 世纪初，当地的夫人们身着奢华的衣裙，佩戴别出心裁的头饰。

小头睡鲨

小头睡鲨主要生活在北大西洋海域，喜寒，行动缓慢。它们被认为是地球上已知的最长寿的脊椎动物。在学者看来，这些鲨鱼的平均年龄可以达到 272 岁。

不久前，哥本哈根大学的海洋动物学家抓到了一条长 5.4 米的鲨鱼，这条鲨鱼有 390 多岁。当然，海洋学家把鲨鱼放回了大海。试想一下，这条鲨鱼可是从 1627 年活到了现在哦！

→ 17 世纪，这条鲨鱼曾经从正在航行的大型帆船旁游过。

北极冰岛蚌蛤

寒冷明显有助于长寿。除了前面提到的动物，还有一个长寿纪录的保持者——生活在北冰洋海水中的北极冰岛蚌蛤。科学家通过分析冰岛沿岸的一些贝类动物，发现蚌蛤可以活 500 多年。

→ 500 年前，欧洲的骑士身着铁制的盔甲，就像蚌壳一样。

玻璃海绵

这种深海海绵生活在中国东部海洋中。科学家不久前在海底找到这种海绵，并计算出它的年龄。这种海绵大概已经存活了 11000 年！它可能是地球上最年迈的海洋生物。它的同伴现在还继续生活在海底。

→ 10000 多年前，已经出现了第一批人类定居地。人类也已经驯服了狗。

大盆地刺果松

这些树生长在北美洲。它们从几千年前就生长在这里！美国加利福尼亚州的玛土撒拉树曾被认为是世界上最长寿的松树，现在已经 4853 岁了。但是，人们在 2012 年发现了更长寿的松树：它已经 5000 多岁了！

→ 公元前 3050 年，人类已经学会在黏土板上写字。 这是目前已知的早期书写方式之一。

美洲潘多树林

潘多树林生长在美国犹他州。它是一个庞大的生命系统，这片林地中所有的树基因相同，并由一个共同的根系构成。这片枝系庞大的树林占地 43 万平方米，重达 6000 吨，现如今有将近 47000 株植被。作为个体的树早晚都会死去，但是它们共同的根系会不断长出新的树。科学家预测，潘多树林在 80000 年前就已经存在了。

→ 大约 80000 年前，地球进入冰后期。我们星球的北部被冰川覆盖，原始人通过狩猎猛犸象获取食物。

各种生物是怎样实现休眠的？

许多描绘远距离宇宙航行的科幻作家，都会让自己的主人公陷入休眠状态——生命活动基本上完全停止。时光流逝，但是主人公好像被按下了暂停键，之后需要被重新启动。这一切都只是幻想。但是科学家已经快要实现这种幻想了，甚至我们眼前就有这样的例子。

冰冻

年复一年，许多动物都会冬眠来度过寒冬。有些动物会采取非常极端的方式“跳过”这个不利于生存的时期。例如，生活在阿拉斯加的林蛙不仅会陷入沉睡，还会将自己冰冻起来。它们的身体会因此变得坚硬而脆弱，就像玻璃一样。在这种状态下，林蛙能够度过 −30℃的冬天。等春天到了，它们便可解冻。

但是这一切是怎么做到的呢？通常情况下，水结冰的时候，体积会膨胀，冰晶会破坏机体内部的细胞。但是这一切并没有发生：细胞没有遭受破坏，林蛙在解冻之后还能存活。生物学家想要弄清楚这究竟是怎么一回事，于是他们认真研究了林蛙的肝脏。当冬天来临的时候，林蛙的肝脏会迅速增大，并开始积极产生葡萄糖和尿素。这些成分进入机体内部器官的细胞中，与水混合，成功阻碍了水转化成冰！但是，冰仍会出现在皮肤下和肌肉间，所以林蛙看起来像一小块冰。

有趣的是，昆虫也可以利用类似的方法休眠。实际上，这些昆虫的机体组织会在冬天快要到来的时候积累其他成分——甘油和海藻糖。但是，同这些昆虫相比，林蛙能够承受更冷和更长时间的冰冻期。也许，这是因为林蛙的血液里储存着更多的糖分。

科学家对这一现象进行了验证，但出乎意料的是，他们发现林蛙体内的葡萄糖含量并没有特别高。相反，林蛙体内的葡萄糖、尿素和其他生物学家熟知的成分在其血液中

的浓度要低于其他生物。这也就意味着，林蛙血液中还存在着一些我们尚未清楚的成分。科学家在未来会揭开这些疑问。

干枯

冰冻不是帮助动物度过困难时期的唯一方法。有些生物还可以使自己干枯！生物学家能够列举出很多已经干枯的植物又重新复活的例子。不久前，研究人员用考古挖掘出的种子成功培育出海枣树。这些种子有 2000 多岁了！还有一个关于球型芽孢杆菌的案例。1995 年，美国加利福尼亚州的生物学家成功从一群蜜蜂身上提取并复活了球型芽孢杆菌，而这群蜜蜂之前被封存在琥珀中长达 3000 万年。

最令人吃惊的例子是水熊虫。这种长约 1.5 毫米的小型生物隐生（将身体含水量降

低，运动停止，身体萎缩的状态）后，能够在 120 年后复苏。它们既能在液氧温度下存活（−193℃），也可以承受 150℃的高温，甚至可以承受 500 倍的危及人类生命的辐射剂量。最令人惊奇的是，水熊虫还能够在太空中生存。

种子和细菌在“干枯”的过程中，会像林蛙一样分泌出特殊的物质——“保护剂”。这些“保护剂”代替了细胞中的水分，种子和微生物缺少它们就无法存活。生物学家指出，种子的细胞中含有特殊的蛋白质。种子干枯后，这些成分会形成玻璃状的集群。这种类似玻璃的成分会填充细胞，保护细胞免受损害。

通过研究动植物的生命机制，我们可以学习如何暂停生命的进程。这不仅对未来的宇宙航行具有深刻意义，也对当下地球上的生命机体至关重要。借助低温冰冻，我们可以在一段时间内保存单个器官，甚至是活生生的人，从而帮助那些不能得到及时救助、无法坚持到医院就诊的重症患者。而从生物的干枯机制中，我们可以研究出能够保存更久的抗旱植物或者冻干疫苗。

还记得那粒沉睡了 32000 年的种子吗？可翻阅第 42 页。

联系上了

2330 年 火星
怎么样？取得联系了吗？
没有，找不到任何信号。他们听不到我们的询问。
唉，谁能想象到，南瓜竟然会引起这样的纠纷。
2030 年 地球
你们有谁做好准备返回地球了吗？整理好采集的土壤标本了吗？
土壤采集取消了。我们决定留在火星。
宇航员
宇航员
我们刚刚种出了南瓜。我们不想抛弃它们。
我们想等大丰收的时刻，然后烤制南瓜饼。
宇
宇航员
简直胡说八道！
你们应该服从委员会的安排！
可我们不想服从，别再联系我们了。
宇航员
切断联系
叮

太棒了，我们再也不会收到指令了，可以开启独立自主的生活了！
宇航员
宇航员
没有信号
他们干了什么？
40年过去了……
没有信号
300年过去了……
2330年 火星
3D打印机
有联系了！
300年后第一次出现信号！

火星
快打开声音！
地球
APBЬ5 ЛВN° УЦЪ/З
ДЫЬУК 4АОМЯХ!
ЗХКЗАЧ?
我什么都听不懂！他们在说什么？
他们现在使用什么语言？
ВДЛОКЩ Г2КОХ)Ц
У@5К ПХМКЮ
他们的语言真可怕！
可能是火星文吧！
我们现在该怎么办？
我们能联系上了，却不能理解彼此了。
AAAAAA
AAAAA

这样的联系到底算不算联系呢？

为什么那些飞往火星的地球人 300 年后听不懂留在地球上的人的语言呢？ 在这段时间里，人们可能开始用完全不同的方式说话吗？为了验证这一点，我们需要回到 300 年前。

翻开中国清朝小说家蒲松龄创作的短篇小说集《聊斋志异》，我们很难直接读懂里面所讲述的内容。因为它完全是文言文的形式。例如，其中有一篇《考城隍》，原文是这样的：

> 予姊丈之祖宋公，讳焘，邑廪生。一日病卧，见吏人持牒，牵白颠马来，云：“请赴试。”公言：“文宗未临，何遽得考？”吏不言，但敦促之。公力疾乘马从去，路甚生疏，至一城郭，如王者都……

在这篇小说里，有的词现在已经不再使用了，还有的词意已经发生了变化。这是因为人们的生活已经发生改变。人们不再从事以前的工作，交通方式也不尽相同，就连人们之间的称呼也发生了变化。其次，语言也在变化。

语言变化发生得很缓慢，通常也很微妙：10 年，甚至 50 年内都不会有巨大的改变。但是，上一辈的人和下一代的人有时会发现并不能完全明白彼此：长辈们有时会用老式的表达，孩子们则习惯用那些新派词句。

新词汇不断出现，它们既可以用来形容从前未知的事物和现象，又能够表达出更加细微的差别。随之而来的是对旧词汇的遗忘。旧词汇渐渐被遗忘后，要么被丢弃，要么成为语言的一部分——语言也会随之发生改变。但是，如果某组人员搬到了火星，他们便接收不到这些新词汇——而他们所掌握的语言也会发生某些变化。他们的发音会渐渐改变。

然后，可能会发生这种情况——起初，所有人都说：“我饿了，给我些煎饼。”100 年后，留在地球上的人和飞往火星的人开始分别对这句话中的词汇，如“饿”“煎饼”做出细微的调整。又过了 100 年，留在地球上的人完全摒弃了“煎饼”这个词；而此时的火星人在发音时也渐渐有所变化。这样一来，对于相同的意思（“我饿了，给我些煎饼”），他们的表达已经千差万别。因此，在 300 多年的时间里，语言会发生巨大的变化，甚至一分为二。

这该怎么表达呢？

我们想象一下，未来可以乘坐宇宙飞船飞往各种星球，这一切也许并不是那么遥不可及！与此同时，下面的这些俄文听起来也会变得很正常：

КОСМОНАВТЫ ЛЕТЕЛИ НА МАРС.
КОСМОНАВТЫ ЛЕТАЛИ НА ВЕНЕРУ.
КОСМОНАВТЫ ЛЕТЯТ НА ЮПИТЕР.
КОСМОНАВТЫ ЛЕТАЮТ НА САТУРН.
КОСМОНАВТЫ ПОЛЕТЯТ НА УРАН.
КОСМОНАВТЫ БУДУТ ЛЕТАТЬ НА НЕПТУН.[1]

以下是这些句子的白俄罗斯语译文：

КАСМАНАЎТЫ ЛЯЦЕЛІ НА МАРС.
КАСМАНАЎТЫ ЛЯТАЛІ НА ВЕНЕРУ.
КАСМАНАЎТЫ ЛЯЦЯЦЬ НА ЮПІТЭР.
КАСМАНАЎТЫ ЛЯТАЮЦЬ НА САТУРН.
КАСМАНАЎТЫ ПАЛЯЦЯЦЬ НА УРАН.
КАСМАНАЎТЫ БУДУЦЬ ЛЯТАЦЬ НА НЕПТУН.

白俄罗斯语是同俄语最为相似的语言。即使你在此之前从未见过任何一个白俄罗斯语单词，你也一定能根据俄语推测出它们的意思。

我们发现，用白俄罗斯语谈论过去和未来，与俄语并无差异。现在，让我们一起来阅读这些句子的英语译文：

ASTRONAUTS FLEW TO MARS.
ASTRONAUTS FLEW TO VENUS.
ASTRONAUTS FLY TO JUPITER.
ASTRONAUTS FLY TO SATURN.
ASTRONAUTS WILL FLY TO URANUS.
ASTRONAUTS WILL FLY TO NEPTUNE.

与俄语和白俄罗斯语相比，同样的句子在英语表达中有什么不同之处呢？

在俄语和白俄罗斯语中，六个句子的动词有所不同。而在英语中，第一个和第二个，

①译注：宇航员飞往了火星。
宇航员飞往了金星。
宇航员飞往木星。
宇航员飞往土星。
宇航员将飞往天王星。
宇航员将飞往海王星。

第三个和第四个，第五个和第六个句子中动词的翻译相同。这是因为，在俄语和白俄罗斯语中单次事件和多次事件有所区分。“飞至”“正要飞至”“将要飞至”均为单次事件；多次事件则用另外的动词表达。但在英语中，单次事件和多次事件的用词则相同。 现在，让我们把这些句子译成芬兰语：

ASTRONAUTIT LENSIVÄT MARSIIN.
ASTRONAUTIT LENSIVÄT VENUKSEEN.
ASTRONAUTIT LENTÄVÄT JUPITERIIN.
ASTRONAUTIT LENTÄVÄT SATURNUKSEEN.
ASTRONAUTIT LENTÄVÄT URANUKSEEN.
ASTRONAUTIT LENTÄVÄT NEPTUNUKSEEN.

芬兰语和俄语、白俄罗斯语一样吗？或者和英语一样吗？ 还是有自己的特点？

芬兰语的词汇差异比英语的词汇差异更少。不仅单次事件和多次事件没有区分，而且现在时态和将来时态的表达也完全一样！如果芬兰人说“ Menen kouluun”，他的意思可能是“我现在要去学校”（立刻，马上），或者是“我要去学校”（可能是一个小时后，明天甚至是假期后——不确定）。

以下是印度尼西亚语的表达方式。请你仔细阅读：

ASTRONAUT TERBANG KE MARS.
ASTRONAUT TERBANG KE VENUS.
ASTRONAUT TERBANG KE YUPITER.
ASTRONAUT TERBANG KE SATURNUS.
ASTRONAUT TERBANG KE URANUS.
ASTRONAUT TERBANG KE NEPTUNUS.

瞧！这些语句仅在行星的名称上有所不同——其他地方完全一样！这是因为在印度尼西亚语中完全不表达动词的时态。如果需要的话，当地人会特别指出事件是已经发生过的，还是正在发生的，或者将要发生的。例如，kemarin（昨天），sekarang（现在），pada tahun 2099（在2099 年）。

现在，最艰巨的任务来了。请你试着翻译下面的句子：

宇航员飞往冥王星。
——译为白俄罗斯语
宇航员飞往冥王星。
——译为英语
宇航员飞往冥王星 。
——译为印度尼西亚语

（“冥王星”在英语和印度尼西亚语中的表达方式相同：Pluto。“冥王星”该如何用白俄罗斯语表达呢？请你猜测一下。）

请将书倒过来查看吧！

КАСМАНАЎТЫ ЛЯТАЛІ НА ПЛУТОН.
ASTRONAUTS FLY TO PLUTO.
ASTRONAUT TERBANG KE PLUTO.

一切正常

今天我很开心。开学以来，我的数学成绩第一次得了 40 分。维尔蒂表示满意，发出了绿色的光。爸爸妈妈也很高兴，他们的显示头像也很开心。我终于不再因为评分等级而觉得羞耻了。很多时候我真的很想关闭这个评分等级。每天看着这条粉红色的曲线向下爬行真不开心！ 而今天，曲线跳起来了一次，它自己好像也很高兴。维尔蒂说：“安娜，要这样坚持下去，继续努力。”而通常它只会说：“已为您布置了其他练习。”这是什么意思呢？这意味着我还要再待在学习区一个小时，如果还没完成练习，就要待得更久了。

但今天不一样，因为今天维尔蒂亮起了绿灯！我可以和玛莎、塞瓦一起穿越玛雅人的古城遗址啦！

“您的下午茶时间到了。”小零出现在屏幕上，“请您前往餐厅。”

“我想在这里吃饭。”我回答道。

“爸爸妈妈不让您在学习区吃饭。”小零一字一顿地说道。

当小零不让我做某些事时，我就会觉得它的声音变得更加机械了。但实际上，家用机器人只能按照设置的模式说话。小零的声音缺乏个性，这是父亲设置的，因为他忍受不了完全拟人的机器人，认为这样很不道德。但是有些人把家用机器人的声音设置为自己妈妈的声音、妻子的声音或者老电影里演员的声音。家用机器人从来不会生气，尽管它知道如何发出气愤的音调。小零暂时表现得很平和。我不愿意争辩，决定忽略它的话。

我坐在沙发上，晃动着双腿，吃着巧克力味的健康食品。这实际上只是一种双歧杆菌，它产生的味觉效果会欺骗我们的大脑。当我试着悄悄链接现实世界时，小零发现了我的小动作——它并没有睡着，一直注视着我。那特别的目光好像在说："哎呀、哎呀、哎呀。"的确，爸爸妈妈不允许我在吃东西的时候做其他事情。这虽然很传统，但就像他们说的那样，专心吃东西有利于消化。是的，必须要慢慢吃。只要我愿意，小零会记录我咀嚼的次数。

"我都吃完了。"我说，"谢谢你，小零，非常美味。"

小零笑了。

我终于可以链接到现实世界了。

一，二……我重新回到了破庙里。

等一下，我看到了什么？天哪，我看到了什么？

玛莎和塞瓦并没有在我的身旁，他们已经继续前进了！ 我站在草丛中拍打着蚊子，觉得只剩下孤零零的自己。

"喂，你们在哪里？"我喊道。

"在瀑布旁，这是我们的坐标。"墙上传来玛莎的声音。

一幅图像出现在我的眼前。玛莎和塞瓦看起来脏兮兮的，但很开心。距离他们不远处，瀑布发出哗哗的响声。

"也就是说，我现在必须一个人去找你们吗？ 这不公平。"

"安娜，很抱歉，但我们足足等了你四天。"塞瓦说。

四天——的确，在这四天里，我一直和这些方程式做斗争。

“也许，你可以坐车来找我们？”玛莎提议道。

可那又有什么意义呢？

我并不想要简化任务。我不是个弱者，更何况我已经走了那么远。但玛莎和塞瓦很棒，他们学习成绩优异，可以每天链接现实世界，很可能很快就会离开，去另一个时代、另一个地方。

“你们可以等等我吗？拜托！”我请求道。

顺便说一句，这不是他们第一次这样了，他们总是率先离开，然后去更远的地方。但是独自一人前行是很无聊的，我不喜欢自己选好的同伴只能扮演虚拟扩声器的角色。我不喜欢他们。

“好吧，我们今天会退出链接，你可以赶上来。”塞瓦说道，“我们不会继续往前走了。”

我走啊走啊，穿过灌木丛，驱赶着昆虫。这里很热，我从口袋里掏出扇子，但很快就没有力气扇风了。蜥蜴从我的脚下四散逃开。我看到许多花儿，它们浓郁的香气让我感到眩晕。这里是如此的美丽，鸟儿们叽叽喳喳。走着走着，你就会觉得自己是真正的先驱，是研究神圣遗址的重要学者。最重要的是——不要认为这一切实际上都不存在。而扔掉这种想法其实也很简单，因为这里的一切都无比真实。

夜晚就要到来了，我需要找到一个能过夜的地方。尽管我不会真的在那里睡觉，但找个合适的地方还是很有必要的。

很久以前，人们创作出来的游戏更具有幻想性。可是现在，每个人都很享受从游戏中获得的真实感受。因为这种真实在生活中已经不复存在了。

瞧，这是一个漂亮的山洞。我把棍子和蜡烛放进山洞。山洞里有手电筒和垃圾，还可能有蛇。你当然不会被蛇咬死，但可能会受伤。一缕光芒照射下来，一小块坑洼之地显现在黑暗中，周围是凹凸不平又潮湿的洞壁。好吧，我就待在这里。我坐在洞边，看着月亮升起，听着夜鸟唱歌。如果有人陪我聊天，那么在这里过夜该是多么愉快呀！比如说，和爸爸妈妈一起……不，爸爸妈妈会一直开玩笑，他们一定会在这里找到许多值得讥讽的事情，然后破坏整个氛围。如果只是和爸爸一起呢？也许我会试一试的，但他终究是爸爸，不是朋友。如果和朋友在一起，这一切一定更有意思。

很久以前，所有的孩子都在被叫作“学校”的特殊建筑里学习。在学校里，孩子们成群结队，总能找到自己的朋友。我读了很多关于这方面的书籍，也看了相关的老电影。那时，你以后要从事的工作、赚钱的多少，并不完全取决于你在学校里的学习。总之，大家去学校更多是为了交流，而不是为了学习。至少我是这样认为的，尽管关于这一点并没有人告诉我。

现在，我们完全是以另一种方式学习，和遥远的祖先并不相同。在学习区，和我们面对面的只有设备。每完成一项习题就会获得相应的积分。我们已经预先得知未来的模样，也已经预先得知自己的能力和不足。父母在我刚出生的时候，便赋予了我所具备的才能。

不，我一个人在山洞里待不下去，在地上睡觉很不舒服。瞧，我是个柔弱的女孩。可塞瓦和玛莎一起过夜，他们俩在一起并不害怕。我觉得我明天可以赶上他们，因为我们的日程安排完全不一致。

我在空中挥动着手，画出所需的字母，然后关闭电源。每当这个时候，我总会想起老电影《阿凡达》里的主人公。瞧，当我在灌木丛中徘徊时，我的身体就孤零零地躺在这里，小零可能会在一旁打扫卫生。

“小零！”我叫道。

然而小零并没有出现，走进房间的是妈妈。

“你好！最近过得怎么样？你到哪里去了？”

妈妈抱我的感觉好极了，比在山洞里舒服多了。

我们聊过几次给我制造一个克隆人的事情。尽管父母并不介意，但这方面的费用——例如衣服和食物，的确是一笔不小的开支。克隆人几乎没有任何权利，他们不需要谋生，但需要学习。这又是何必呢？谁不会最基础的语言交流呢？你可以和克隆人一起开心地畅游虚拟或真实的世界。在此之前，你们必须长时间待在一起，彼此适应。塞瓦和玛莎十分幸运，因为他们很快就有了弟弟和妹妹，所以他们不需要克隆人。

但有时候我会想：我的克隆人——也就是按照我的样子和性格制作的姐妹，会不会让我觉得无聊呢？我会不会因为不习惯这样的生活而突然厌恶有两个“我”的事实呢？爸爸妈妈和我——这对我来说已经足够了，尽管有时我会很寂寞。因为在我们的世界里，朋友并不意味着真实的陪伴，而是若有若无的陪伴。 我们可能会有六个月不碰面，但会经常通过“界面”发消息和语音。我和莉莉时常联通我们的“界面”，就好像我们彼此触手可及。

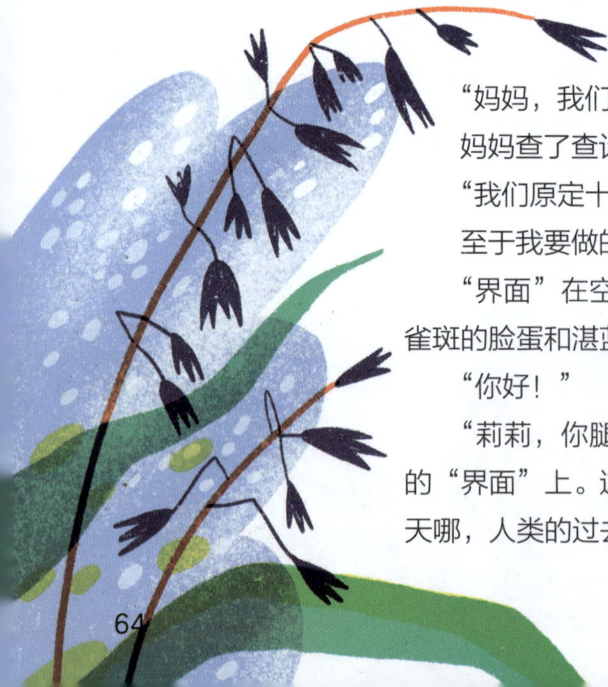

“妈妈，我们今天要一起做饭吗？”

妈妈查了查计划表。

“我们原定十二号，也就是周六一起做饭。现在我得走了。”

至于我要做的事情，非常清楚——写作业。但我还是呼叫了莉莉。

“界面”在空中展开，莉莉正坐在阳台上。我看到了她那长着小雀斑的脸蛋和湛蓝的眼睛。她对我眨了眨眼。

“你好！”

“莉莉，你腿上是什么？”我问道。一个三维图像立即出现在我的“界面”上。这是个机器人女孩。真好笑，人们过去竟然养过动物。天哪，人类的过去是多么的奇怪和不理智！

莉莉的爸爸妈妈不让莉莉和我一起去现实时空。他们担心莉莉过于冲动，也不想让她受伤或者感冒。这也是我想要一个克隆人的原因。

“安娜，我在汽车赛场的墙上画了一幅很大的图画。”莉莉说，“看！”

莉莉设计的十五个小型机器人在墙上爬行，它们正在绘制七彩巨鸟。

“你什么时候能飞到这里来做客？”我问道。

“界面”上出现了巨大的日历表。所有日子的方格里都填满了各种五颜六色的符号，令人眼花缭乱。莉莉和我并没有找到空闲的一天。莉莉无奈地摆摆手。

“也许，我能在内脏治疗模块结束后去找你。”

我记得我们曾在一个房间里一起做某件事的感觉。这可能是我最愉快的经历。

我还是会让爸爸妈妈申请一个克隆人。这样我们就可以每天一起玩积木、投篮、驾驶光型机飞来飞去。即使我还滞留在中世纪的英国，我也不用在乎玛莎和塞瓦已经通关到美国内战了，因为“安娜二号”会陪着我一起滞留。而我只需要给她起个名字，需要想出一个不一样的名字，让她有一些不同于我的东西。

未来的景象

2032年《超能陆战队》

7.8分

机器人技术

青年发明家滨田参加了技术大学的入学竞赛，他展示了自己的独特发明——微型磁力机器人。通过控制神经接口，这些微型机器人能够像蜜蜂一样，组成任意的形状。竞赛期间发生了火灾，微型机器人落入蒙面坏人手里。

→ 滨田的朋友是一个又大又软的机器人，内部充满气体，看上去就像棉花糖。他可以治愈病人。这种柔软的外形是为了避免在检查过程中伤害患者。

2035年《火星救援》

8分

移民火星

人类到达了火星。在一次执行任务中，科学家们匆忙离开了这个红色星球，植物学家马克 · 沃特尼却意外地被留了下来。与鲁滨逊相比，马克的任务更为复杂。他需要在无人居住的星球上生存，获取水，种植土豆，并与地球取得联系。

科学家是通过化学反应来增加水的储备的。水(H_2O)的化合式由两个氢原子(H)和一个氧原子(O)构成。马克从未使用过的燃料中获取氢原子，从二氧化碳中获取氧原子。需要说明的是，火星是太阳系中唯一有水源的星球。马克只需要懂得提取和净化水。

2045年《头号玩家》

7.5分

虚拟现实

现实世界中，富人变得越来越富有，穷人变得越来越穷，因此，人们更喜欢通过游戏进入虚拟世界。主人公韦德也沉迷于游戏。随着时光推移，他发现游戏就像一个大谜题，而它的谜底能够改变现实世界。

→ 深度虚拟现实暂时还无法实现，但其中的部分技术已经实现了。比如说，一种叫作“Teslasuit”的全身触觉反馈装置，不仅能把你的动作带入到游戏中，而且还能传递虚拟世界中的感觉。还有一种全方位跑步机，玩家能够借助它在虚拟世界中任意移动。

7.8分

2154年《阿凡达》

7.8分

资源枯竭

在遥远的潘多拉星球上居住着身高三米的蓝皮肤外星人，他们实际上没有与自然失去联系：来自纳美部落的外星人可以借助自己的辫子连接星球的生物圈。由于潘多拉星球上储备着人类急需的金属钒，人类准备破坏潘多拉生态系统。

→ 潘多拉星球的环境不适宜人类居住。为了能够在潘多拉星球生存下来，科学家借助阿凡达，军队则利用外骨架机器人。在今天，阿凡达只是一种科学幻想，而外骨架机器人已被广泛应用于医学以及军事领域。

2019—2156年《星际穿越》

8.6分

星际旅行

地球干旱迫使人们去寻找新的星球。虫洞作为宇宙飞船的时空隧道，帮助飞船出现在宇宙的另一端。

→ 这一场景的创始者是物理学家基普·S·索恩。电影中的主角在激光干涉引力波天文台工作，该影片拍摄的时候，人们还没有探测到引力波爆发，也没有发现卡冈图雅黑洞。而在现实生活中，激光干涉引力波天文台已经将两个黑洞合并产生的引力波记录下来（在电影发行一年后的2015年）。在2018年，基普·S·索恩由于自己的这一发现获得了诺贝尔奖。

生态灾难

2805年《机器人总动员》

8.4分

由于堆积如山的垃圾，地球已经不适合生命居住。在地球上的垃圾还没有清理完毕时，人类暂时移居到太空飞船。700年的时光就这样过去了，地球上只剩下了机器人瓦力，他感到十分孤独。

→ 微重力是致使人类在飞船上变得肥胖的原因之一。人的身体由于微重力变得虚弱，并且流失肌肉。当我们谈到宇航员的时候，经常会说起失重，但事实并非如此。实际上，宇航员在太空中有重力，只是非常微弱（微重力）。

给外星人的汤

城市里期待已久的春天终于到来了。外面天气很好。五颜六色的鸟儿们欢快地唱着歌。花纹猫“喵喵”地大声叫着。绿油油的新芽从树上冒了出来。

外星人从操场上带走了五年级的西多罗夫。外星人把西多罗夫吸进闪烁的飞碟中。西多罗夫的奶奶一直追着飞碟跑，她的手里还端着汤锅。谢留沙·西多罗夫今天还没来得及吃午饭。奶奶总是非常担心她的宝贝孙子。飞碟运行达到了宇宙速度。西多罗夫的奶奶也达到了宇宙速度，飞碟飞出了大气层。西多罗夫的奶奶也没有落在后面。飞碟飞出了银河系。西多罗夫的奶奶决不会认输！

外星人通过绿色触角分散开来。他们把西多罗夫的奶奶放到飞船里。谢留沙·西多罗夫喝了面条汤，舒了一口气，外星人也喝了汤，舒了一口气。他们愉快地解答了数学题，然后又写了文学课的作文。晚上八点整的时候，西多罗夫的奶奶让飞碟停在自己的家门口。西多罗夫按时躺下睡觉了。疲惫的外星人安静地躺在奶奶的旧沙发上。在这个宇宙中，什么都不能打扰奶奶的宝贝孙子休息。

技术

当今科技与未来科技

科幻作家威廉·吉布森写道："未来已经到来，只是尚未在世界各地普及。"如果我们仔细观察世界各地的实验室在研究什么，就能够预测出哪些技术不久后会普及，也能判断出哪些专业的人才会大有用武之地。

3D打印

过去，我们一直遵循着"摒弃多余"的原则对各种原材料进行二次加工，如雕塑家雕刻石头、车间工人从金属半成品上切下所需形状的零件。然而，20 世纪末，一种新技术诞生了：我们打造所需部件已不再需要半成品，而是直接从零开始，在一定空间内实现"打印"，并逐层加厚。这种技术需要用到粉末状或丝线状的金属、塑料、陶瓷等。如今，人们利用 3D 打印技术，已经成功制造出航天设备上的精密零件、跑鞋鞋底、桥梁，甚至整栋楼房。此外，医学家们正在对如何实现 3D 打印器官进行实验研究。

→ 随着新技术的推广，3D 打印的操作人员正逐步替代传统工厂车工和铣工的工作。

计算机视觉

摄像机在我们的身边随处可见，比如手机里、街道边、马路上、商场里。通常情况下，这些摄像机的画面由计算机操控。例如，计算机通过摄像机捕捉车牌号并找出其所有者，或者识别图片中某个人的脸，然后给他画上一对猫耳朵。

计算机视觉技术用摄像机和计算机对目标进行识别和处理。如果没有这项技术，我们常用的“美颜”软件以及无人驾驶汽车恐怕都无法实现。此外，计算机视觉也能帮助医生，例如，识别医学影像中的重要细节。任何工作都需要人们去观测并了解被观测的对象，因此，计算机视觉能在诸多领域发挥重要作用。

→ 计算机视觉技术专家是一项全新的职业，前景十分广阔。我们生活中的无人驾驶汽车数量正不断增加，这些无人驾驶汽车正是应用了计算机视觉技术。

无人驾驶汽车

如今，一些国家的道路上已经出现了无人驾驶汽车，俄罗斯就是其中之一。我们在这里所说的“无人驾驶汽车”不仅限于小型车辆，无人驾驶货车可以在公路上运输商品，无人驾驶轮船能出海，无人驾驶飞机可以向偏远地区投放货物，田地里还可以运行无人驾驶的自动拖拉机。无人驾驶汽车出行更加安全，并且可以连续不断地工作。此外，无人驾驶汽车还能在一些危险场合派上用场，人们可以不必再拿生命冒险。

→ 研发无人驾驶汽车衍生出了一系列新型的职业，包括软件程序员、计算机视觉专家、自动定位系统研发人员、计算机辅助教学专家，以及硬件工程师等。

语音交流的世界

从前，只有软件程序员能与计算机对话，因为解读机器只能通过编程语言。后来，人们发明了个人计算机，鼠标点击屏幕上的不同图标就可以实现操作。再后来，手机也变得更加智能化，手指触屏即可实现操作。

但是，为了机器更加智能，让我们的生活变得更加舒适，需要让机器学会倾听和理解人类的语言。今天,我们已经实现了这一点，比如，在家里只需说一句“爱丽丝，打开电视！”，电视就会自动开启并开始播放节目。此外，我们还可以和智能音响简单地聊天。

我们在住宅、汽车以及其他空间里建构智能世界，与智能世界对话就像和朋友交流一样轻松。但这尚在起步阶段。事实上，与语音技术有关的有趣事物还有待发现。

→ 在未来几年，甚至几十年，语音技术专家会让汽车驾驶更安全，我们的生活更便捷，工作更有趣。

不寻常的现实世界

你戴上眼镜，身边突然出现一只恐龙，甚至能听到它的呼吸声。你戴上更重一点、看起来像顶头盔的眼镜，会发现自己身处另一个星球，在这里可以进行科学研究，甚至还有可能遇见外星人……

如今，这两件事都已经成为现实。如果我们周围的现实世界混入了其他情景，便被称作“混合现实”；如果我们看到的世界完全是由计算机生成的，则是“虚拟现实”。

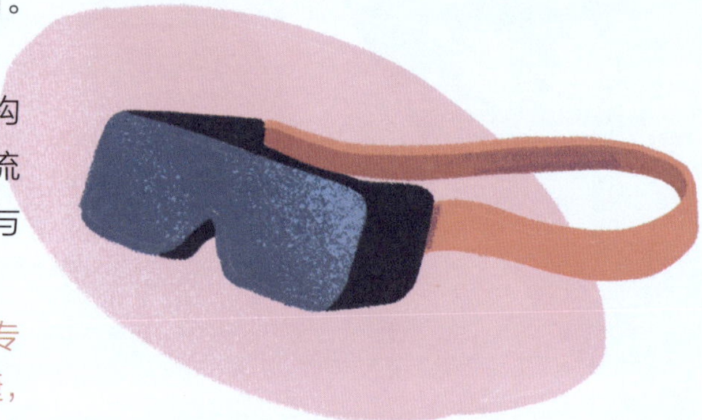

科学家和工程师已经想出了无数种方法，将这些技术应用在游戏以外的领域。比如，并非所有的化学实验都可以在课堂上进行，因为某些物质可能会发生爆炸。而在虚拟现实中，一切都是安全无患的。此外，在生产过程中，组装复杂机器也会更加便捷，因为此时眼镜中的画面可以显示在何处放置零件以及应与哪个部分进行连接。

如今，在许多领域都开始对这些虚拟技术展开实验。例如，利用这些技术帮助外科医生完成手术，使人们体验奇妙的游戏经历，还能向困境中的人们派遣救援人员或空降人员。这些看似娱乐性的技术也能够挽救人们的生命。

→ 基于这些新技术，许多耳熟能详的职业有了新的发展空间，艺术家、设计师、心理学家、硬件工程师和软件程序员都参与了这项工作。

新能源

任何技术都需要能源。目前，我们使用的主要能源是燃料。然而，燃料不是取之不尽、用之不竭的，使用燃料还会危害环境。不久的将来，电力发动机很有可能彻底取代内燃机。

地球上有许多电力来源，太阳、河流、风都包括在内。人类早已学会将河流的动能转换为电能，可并不是每一个地方都有水量大的河流。但阳光和风几乎存在于世界上的任何地方。如今，人们正在努力学习如何借助两者的能量获取电力。尽管人们在这方面已经取得了一些成果，但要想提供清洁能源，还应当发明更多的东西，比如可靠、高效的太阳能电池板和能量存储系统。为此，人们需要建造许多新的风能发电站和太阳能发电站，并且后续还需对其进行维护。

→ 社会对新能源的需求不会只停留在当下，科学家、设计师、工程师等职业群体将在新能源领域发挥更多的作用。

自主学习机

过去，人们认为机器只能执行人类编写的指令。例如，如果想让程序在照片中找到某张面孔，就必须限定该面孔的特征以及它与其他事物（比如月亮或平底锅）的区别。以前的确是这样。但如今，我们可以对机器进行训练，向它展示不同的面孔，这样一来，它甚至能和我们一样识别从未见过的面孔。

我们可以教会程序做很多事情，比如绘画、驾驶、研发药物。自主学习机将成为一位得力助手，承担那些最枯燥、无聊的工作。

→ 目前能使机器实现独立学习的人并不多，但对这类人的需求正与日俱增。我们的生活中仍然有很多无聊的工作，真希望可以快些把它们交给机器来完成！

如何与自然灾难抗争？

人们时常要面对凶猛的大自然：地震、火山喷发、飓风、海啸、龙卷风……但科学家们能观测大自然并预测即将发生的灾难。他们努力与大自然“抗争”，使我们可以提前防范自然灾害，避免受伤。科学家们是怎么做到的呢？

地震

地球的结构与糖果相似。但地球的外部不是一层糖衣，而是由矿岩构成的坚硬外壳——被分成多个部分的岩石圈。糖果的糖衣下有一层粘连的焦糖，地球内与之相对应的是炙热的地幔。而在地球的中心，就像糖果内有颗坚果一样，有一个金属内核。地幔的物质不断混合，岩石板块则以每年几厘米的速度在其表面均匀移动。板块之间相互摩擦，有时甚至会发生撞击，两个板块在地面上的接触之处会迸发出震波。这就是地震。

我们目前仍然无法做到准确预估地震发生的地点和时间。但科学家们能够“捕捉到”地震即将发生的早期迹象，已知的就有几百种。在强震发生之前，经常会发生前震——小震颤（地震仪可用于观察震颤，它能感知到最轻微的震动）。天空中可能会出现类似北极光的闪光，并且可以看到形状怪异的云朵。地下水会升到地表，涌出喷发式的泉水。还有一些动物会表现得非常不安。

还记得大陆是如何在地表“漂浮”的吗？请翻阅第 33 页。

火山喷发

有时某一岩石层会叠至另一岩石层上，位于下面的一层受高温和压力影响开始融化，由此就会形成岩浆，即地下岩石熔化后形成的含有硅酸盐和挥发成分的高温熔融物质。岩浆脱气时会引起火山喷发。你应该很熟悉这一过程：就好像当你不小心打开装有汽水的瓶子时，泡沫喷涌而出。这便是火山喷发的原理：气压上升，气体试图冲到外部。当冲出外部的路径疏通后，气泡就会引出炽热的熔融物。岩浆升起后，气体排出并转化为熔岩。当火山喷发停止后，喷火口则会被冷却的熔岩堵塞。

岩浆升至地表后会破坏坚硬的岩石，因此会引发可以用地震仪记录的轻型地震。火山有时在岩浆的强压影响下变得膨胀，火山口周围的岩壁也会鼓起来。此外，科学家们还会关注火山喷出的气体与水的温度。在火山爆发前的一个小时精确预测火山爆发情况是非常困难的。但是，如果在爆发前几天对火山进行持续观察，就可以确定熔岩什么时候会在地面表层出现。

热带气旋

当大洋上的大量水分蒸发时，会引发热带气旋（在东亚、东南亚一带，热带气旋被称为台风，而在北美和南美地区则被称为飓风）。水蒸气向上爬升、旋转，形成一个巨大的旋涡。热带气旋的变化就像滚雪球一样，它从水面中汲取越来越多的暖空气，随着空气旋转而上升，并在旋涡表面移动，随后从边缘落下并再次下落至漏斗状的旋涡中。这种旋风到达海岸时，风速可达250千米/小时。

为了获悉热带气旋的着陆情况，科学家们会收集相关数据，包括海洋温度、风速与风向、空气湿度、气压。例如，当海洋温度为26~27℃，发生热带气旋的风险就会增加。人们会借助卫星、船只，还有一种名为“飓风狩猎者”的飞机（这种飞机能够直接穿过热带气旋的旋涡）获取有关飓风的即时信息。科学家会将“飓风狩猎者”收集的数据放入一个复杂的数学模型等式中。该模型能够预测灾难强度与飓风即将通过的路径。借助卫星和“飓风狩猎者”，飓风在其登陆前的5~6天就会被观测到，因而研究人员能够提前向人们发出预警。

海啸

如果大洋中发生地震，那么海底就会发生剧烈运动。这样一来，海上会出现巨浪，也就是海啸。当海啸在深海移动时，在形态上还只是轻微的低浪，但速度极快。随着海啸逐渐靠近陆地（海洋深度变浅），其速度虽然下降，但会形成高而猛烈的巨浪。海啸的高度可以达到数十米，甚至数百米（利图亚

湾海啸是目前人类已知的最大海啸，其高度达 500 米，相当于 150 层摩天大楼的高度）。

和地震同理，人们也可以锁定可能发生海啸的高风险区域。海啸主要发生在太平洋地区。科学家们始终在记录那些震心位于水下的强震，这些强震会引起水的震动。此外，如今在海洋底部已经安装了特殊的传感器。传感器能感应到巨浪向其靠近，并向位于水面上的浮标发送信号。浮标会将海啸信号传送至卫星，向人们发出预警。海啸也具有不借助传感器就能被发觉的前兆——剧烈且高强度的退潮，海水会离岸数百米。科学家们预测海啸需要的时间不等，从几十分钟到几个小时。这取决于海啸发源距离的远近和传感器感应速度的快慢。

龙卷风

天气炎热时，太阳会使地面和地表上方的潮湿空气发热。暖空气向上爬升时会遇到上层的冷空气，形成雷云。有时暖空气迅速上升，风开始将空气流卷成螺旋状，从雷云到地面会拉伸出漏斗状旋涡，这就是龙卷风。在龙卷风旋涡中的风速可达500千米/小时！

龙卷风的效应相对较小：它比热带气旋的体积要小上千百倍。因此，它最多也就可以在其发生前的 10~15 分钟被预测到，但这段时间已经足以让人们采取紧急措施。此外，龙卷风经常出现在同一地区。例如，只要美国的北部地区一刮风，那么美国中心地区也很快就要刮龙卷风了。美国中心地区也被称为“龙卷风小径”，当地法律要求该地的建筑物必须特别坚固，居民楼房也经常设有避难所。

未来的火花

现在是 1893 年。这几个月以来，世界科技成果展览正在芝加哥如火如荼地进行着。每天都有上千人前来浏览展厅，欣赏各种各样的发明和稀奇古怪的展品，乘坐世界上第一个摩天轮。行船的航道、冰山、可以移动的人行道、铁轨，简直令人目不暇接！

每当到了黑暗的夜晚，一个真正的魔法世界便开启了。这时的街道被燃气灯照得通亮，当四周的上万盏灯在刹那间被点燃时，人们似乎置身未来！建筑物、航道和船只都亮了起来，喷泉轻柔地流溢出玫瑰色和绿色的光。

“啊——呀——呀——”从广场上传来什么声音。摩天轮上闪耀起了点点火花，好像一群难以细辨的萤火虫同时飞起，装点着黑漆漆的圆圈。路人为这一场景所震撼，纷纷驻足。他们仰起头，看着摩天轮上发着光的座舱把那些勇敢的人慢慢带离地面。而那个造就了这流光溢彩的美妙画面的人，此时正站在不远处喂鸽子。他叫尼古拉·特斯拉，又高又瘦，穿着一件缝制精良的灰棕色紧身大衣，戴着一双灰色绒面革手套。他从塑料袋子里取出面包屑，撒向鸽子们。这群鸽子看起来十分贪婪，互相追逐、抢夺着食物，而特斯拉正思考着自己的事情。

这位曾经默默无闻的塞尔维亚工程师，刚刚结束了在电力展馆的一场讲座。这场讲座非常成功。大厅里挤满了人，很多人甚至挤在门口，希望亲眼看到他的实验。

“让我们有请这位电力天才！”别人今天是这么介绍他的。不知他会不会想起自己小时候和小黑猫玩耍的场景呢？有一天，他正抚摸着小猫毛茸茸的后背，突然间掌心下迸出了电火花。当时父亲告诉他：这就是电，是和雷雨类似的事物。小尼古拉很惊讶：电可以杀死人，也能像这样藏在小猫的后背。他当时就想弄明白，电到底是如何产生的。

长大后的特斯拉开始与家喻户晓的大发明家爱迪生一起工作。托马斯·爱迪生改良了电灯泡，后来还建造了纽约的第一家电站。当然，他还有一项大贡献！“我会点亮全世界！”爱迪生说道，“直流电是新时代的开始！我会让电力走进每一户家庭！”

只是这就意味着爱迪生在每个地区都必须建造一个新的电站。然而，通过电线传输直流电不太划算，因为在传输通道上会损耗过多能量。

特斯拉明白了：世界需要另一种电流，能够变化的电流！它可以在没有损耗的情况下进行远程运输——它不像爱迪生所倡导的直流电那样只能完成 1.5 千米范围内的运输，而是能跨越上百千米。但爱迪生并不同意这一点:“交流电是没有未来的，它对人类来说太危险了。我不能冒这个险！”

特斯拉没能说服爱迪生，于是他离开了公司，开始独自工作。这是一段异常艰难的时光：耗电的实验需要钱，为了养活自己，特斯拉去做了装卸工人，还在建筑工地翻地。

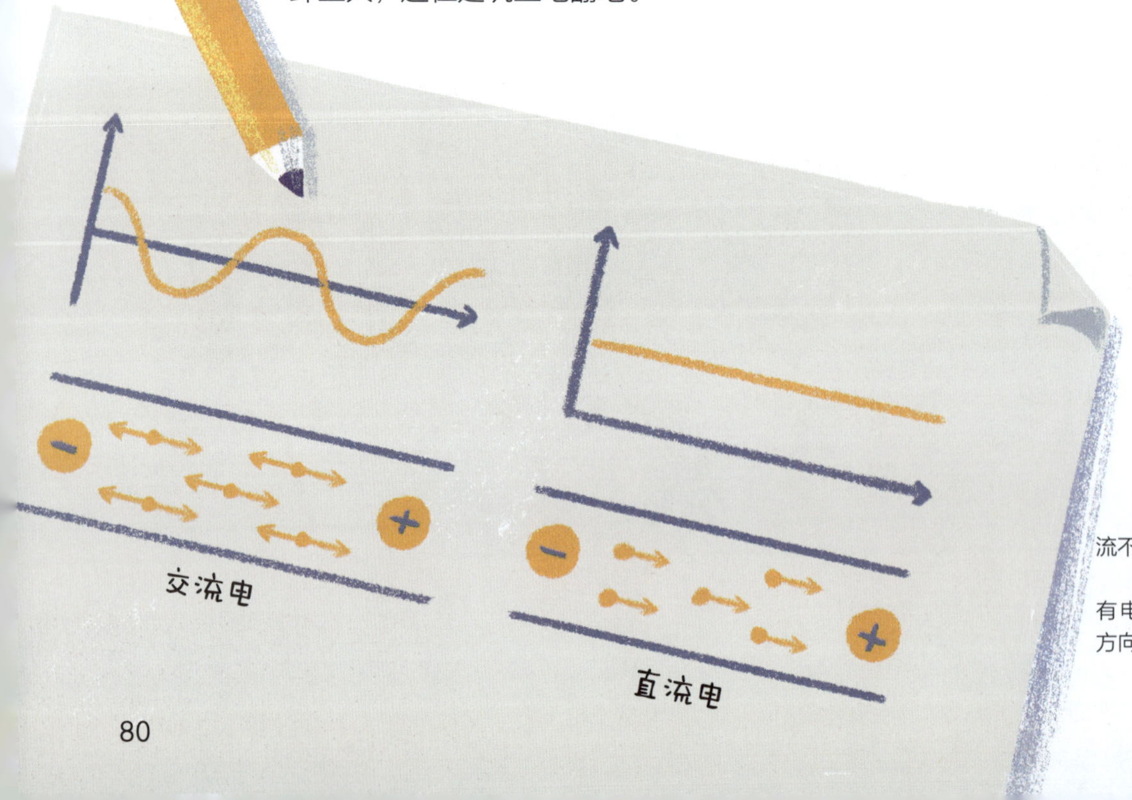

注释：

交流电的电流不断变换方向。

直流电的所有电子只向一个方向移动。

但好在特斯拉的想法引起了人们的关注。很快，企业家乔治·威斯汀豪斯找到了他。威斯汀豪斯买下了特斯拉的专利，并邀请他一起工作。于是，一切有了起色！特斯拉那时就已经有了关于电力发动机使用交流电的项目。

特斯拉还生活在布达佩斯的时候，就已经有了关于这种发动机的想法。当时他正和朋友在公园读诗、散步，灵感突然闪电般地向他袭来。于是，特斯拉赶紧冲向空地绘制线路图，还好他随身带了拐杖。“这就是我的交流电发动机。”他对朋友说，“你看看，它运行起来会多棒！”时隔多年，在威斯汀豪斯的支持下，特斯拉发明了发电机、变压器、电表，然而这些都还不足以保证城市交流电的用量。

后来，一场被称为“电流大战”的著名竞争在爱迪生和特斯拉两位发明家之间展开了。谁能想到，那个特斯拉所赞扬的人会成为他的主要竞争对手呢？

之后就发生了一件大事，也就是芝加哥展览会。谁能获

此殊荣，负责展览会的照明工作呢？到底哪种电流能点亮 20 多万个灯泡？显而易见的是，赢家不仅能获取利润丰厚的合同，还能享誉世界。许多人都认为胜出的一定是爱迪生的直流电。但是经过核算发现，展览会的照明通过交流电会更加实惠。于是，特斯拉胜出了！

如果他能在那一瞬间预见未来，那么他就会看到数百万普通人回家后开灯的场景。他照亮了整个世界！

一些只言片语飘到了特斯拉的耳中：

“你看到他做了什么吗？他手里拿着灯泡，灯泡就亮了！没有用电线！”

“这真的可以吗？电流可是很危险的！”

特斯拉笑了。人们讨论着他今天的讲座。所有人就这样深深地被电吸引了，这并不令人惊讶——因为电是这世界上最美妙的现象！

在讲座上，特斯拉讲述了哥伦布和鸡蛋的故事。人们嘲笑这位著名的航海家，因为他们认为任何人都能做到乘船开辟出一块新大陆。哥伦布并没有与他们争论，而是请大家往桌子上放一枚鸡蛋，尝试如何能让鸡蛋立住不倒。然而并没有人成功。这时，哥伦布磕破了鸡蛋的一端（毕竟，并没有规定不能这样做），鸡蛋便稳稳地立住了。大家都开始抗议："我们本来也可以办到的，只是我们不知道还可以这样做！"哥伦布回答道："这便是区别。你们认为自己也可以做到的事，只有我付诸行动并且成功了。"

"而我，"特斯拉说道，"我可以在不弄破蛋壳的情况下让鸡蛋立在桌子上。"他把金属蛋放在一个特别的台座上。一眨眼的工夫，它就开始旋转，并逐渐呈垂直状。特斯拉站在远处，并没有用手触碰鸡蛋。观众十分震惊！他们并不知道台座周边通了电，而鸡蛋也正是因此才旋转起来。

之后，在特斯拉的操作下，一些导管亮了起来。这些导管通过弯曲构成了拉丁字母，拼写组合出本杰明·富兰克林、海因里·赫兹和格尔曼·亥姆霍兹的名字。再过几年，这种照明管就会被用在商家的招牌上，也就是即将诞生的霓虹灯广告。

讲座进入尾声的时候，特斯拉准备了一场表演。他手里拿着一个不寻常的圆灯泡，上面并没有连接电线，但它和普通电灯一样明亮。

然后，他打开发动机，拿起了另外两个灯泡，电流穿过了他的

身体，点亮了灯泡。观众们纷纷惊讶地低声说道：“这怎么可能啊？电流竟然穿过了人体！”有人喊道：“这是世界的奇迹！”特斯拉的身体和衣服上都微微闪烁着蓝色的火花，而他站在那里，就好像什么事都没有发生过。

“祝贺您！”一个认识特斯拉的物理学家在讲座结束时说道，“真的太成功了！不知道今天是否有幸能和您共进午餐？”

“谢谢，还是算了吧，”特斯拉礼貌地拒绝了他，“我更喜欢一个人吃饭。”

越来越多的鸽子飞到了大发明家的脚下，而面包屑却所剩无几了。特斯拉抖了抖双手，朝宾馆走去。“一，二，三，四……”特斯拉习惯性地数着自己的步子，他以前走在路上也是这样做的。这时绝不能分散注意力，否则就要重新开始数。每天自己待着的时候，他就会数自己走了多少步、咽了多少口咖啡、喝了多少口汤，这样就没有人能打扰到他。

“已经是深夜，可路上还和白天一样亮呢！”一个小伙子对他的女伴说道。

“我要是告诉妈妈我们今天玩了什么，她肯定不会信的！如果她也能欣赏从摩天轮最高点看到的景色就好了！”

特斯拉停下来看着这个女孩。他一直都相信，一定会有这么一天，人们可以将文字与图片发送到世界的任何一个角落，甚至都不需要使用电线，只需一秒钟，收件人就能收到消息。

总有一天，人们不会再在意世界的宽广，因为距离将不复存在。无论人们身在何处，都可以从口袋里掏出某种小型机器与家人通话。

这一切在未来一定会实现的。现在，是时候回去工作了。特拉斯有太多的奇思妙想：制造无线电控制的机器、通过空气传播电能、远程移动物体……该如何实现这一切呢？

鸽子四散开来。

一，二，三，四……

火星上的生活

从第一次太空飞行开始，人类就提出了这个问题，我们未来能在火星上定居吗？为了能让人类抵达并定居在这颗邻近的星球，工程师、物理学家、生物学家、化学家纷纷提出新的想法。虽然我们还没有完全准备好，但是在未来，一切皆有可能！

要飞多久才能到达火星？

以现代飞船的标准来说，沿着最简单的航线航行，到达火星大约要花费半年的时间。但是建造这条航线，需要等待合适的时机（火星和地球的夹角为 44° 时）——大约每 2 年出现一次。在航行过程中，人们需要保护自己免受太阳光线的伤害。现在，科学家仍在研究地球和火星间的太阳光线强度。但已经很清楚的是，可以通过减少 1~2 个月的飞行时间来减少辐射。因此，航空公司正在研制能够实现高速飞行的宇航飞船。

我们如何登陆火星？

火星的大气层没有地球的大气层那样稠密：大概比地球的大气层稀薄 100 倍。因此，火星着陆需要同时应用几种技术。由于会与大气层发生摩擦，飞船下降时要减速，之后需要打开又大又稳固的降落伞。飞船需要专门的制动装置，还要启动减震系统，比如铝制蜂窝结构的减震系统。

火星上的天气怎么样?

火星上的天气几乎永远一个样子——晴朗、艳阳高照。由于空气中悬浮着灰尘，光呈现出散射、恒定的特点，几乎不会产生阴影。有时可以看到天空中的薄云，类似我们的层云或者卷云。火星离太阳更远，所以火星上的温度会比地球上的温度低很多。火星上的年平均温度约为 −65℃（地球上的年平均温度约为 12℃）。但是人们在火星上对寒冷的感知并不会像我们在地球上这样明显，因为火星上的大气密度低，热量损失速度较慢。

什么是火星风暴？它的可怕之处在哪里?

在火星上，大约每年都会发生一次小风暴：它们会侵袭部分星球，并持续大约 1 个月。每 3 个火星年（也就是地球上的 5 年半）会发生一次强风暴，这种强风暴会席卷整个星球。风暴过后，所有物体都覆盖着一层薄薄的灰尘，这些灰尘主要由铁元素构成。

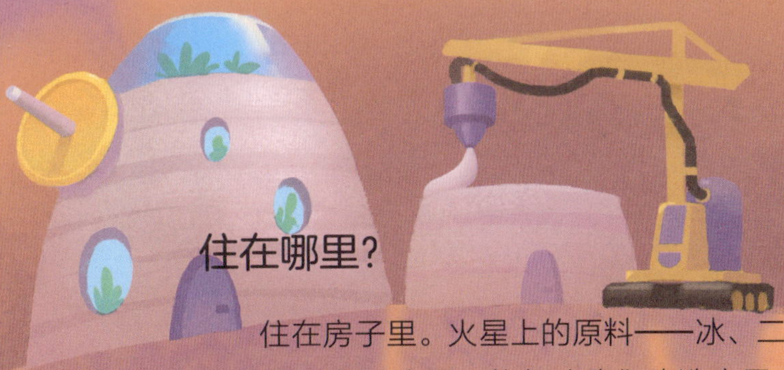

如何呼吸?

在火星上，人们需要穿着帮助他们生存的宇航服。人们在火星上实现呼吸的方式有以下几种：随身携带氧气瓶，使用化学、物理方式转化氧气，或者利用植物的作用将人类呼出的二氧化碳转化成氧气。

如果有人想带着钢琴去火星该怎么办呢？请翻阅第 102 页。

火星的天空是什么样子?

由于大气稀薄，在火星上白天可以很明显地看见天空中的星星：天狼星、半人马座 α 星、大角星、织女星、御夫座 α、猎户座 β。当然，也能很清楚地看见太阳——它比地球上看见的太阳更暗、更小一些。火星上看不见月亮，替代月亮的是两个卫星——火卫一和火卫二。它们比月亮小得多，并且位置更近。它们每天会在赤道地区飞行数次。

火星上面有什么?

目前还不清楚，我们能否在火星上种出什么。科学家们建立了和火星环境相似的实验室，尝试种植不同的蔬菜和草植，但到目前为止，这些实验都没有取得成功。然而，只要有了水，一切就会变得简单起来。火星上飞船的数据显示，这颗红色星球的表层下可能有大量的水资源。除此之外，科学家们现在还在研究能否从土壤中提取水分。

住在哪里?

住在房子里。火星上的原料——冰、二氧化硅和各种金属，能帮助我们建造房子。机器人打印机就能建造这种房屋。它们将被提前送往火星，当人类抵达火星的时候，房子已经建好了。美国宇航局举办这样的项目竞赛已经很多年了。还有一种方案：人们可以定居在能使人们免受辐射的洞穴中。因此，科学家现在正计划在火星上探寻自然洞穴。

洗衣机的故事

爸爸买了一台洗衣机，然后读起了说明书。

“我什么都没看明白。排水、按压、装入、重新启动、开始强力清洗！这是什么乱七八糟的呀？这是什么模式啊？”

他按下一个按钮，洗衣机突然唱起了歌，声音低沉：

“美人儿的心容易背叛！”

“天哪！”妈妈尖叫了一声，“怎么，它还会唱歌？我们需要付费才能享受吗？”

“从价格来看，它应该还会飞。”爸爸自言自语道，又按下了另一个按钮。

就在那一瞬间，洗衣机窜到了天花板上，并撞出了一个凹痕。紧接着，伴随一声轰隆的巨响，它落回了原地。

“它飞起来了！”小科斯佳兴奋地小声说道，“那么，它会煮香肠吗？”

“它会的，它还得去趟商店把香肠买回来！”爸爸计算着损失，非常生气，“我为什么要买一台不洗衣服却会在天花板上凿洞的机器？喂，停下，停下啊，你要到哪里去……”

“它去买香肠了。”小科斯佳同情地摇了摇头。这时候妈妈正把这台顽固的机器推回浴室：“真是个不可思议的好东西！它是属于未来的机器！”

这时候，爸爸带着愤怒把所有的按钮都按了一遍，于是洗衣机跳起了桑巴舞，转播附近体育场正在进行的足球比赛，吹出了泡泡，并从某处传送来一只可爱的小仓鼠。小科斯佳立刻收留了小仓鼠，开心极了。可爸爸——

“好吧，发明家……”爸爸气得面红耳赤，连着按下了所有按钮，“这个不负责任的家伙！我只是想让它洗我的裤子啊，我只需要它洗我的裤子而已……”

尽管他都这样说了，似乎也没什么用。因为这时候，机器开始往外吐裤子，一条接着一条。而爸爸以前并没有这些裤子：格子裤、

圆点裤、条纹裤、千鸟格裤子，其中有带口袋的，也有不带口袋的。爸爸按照说明书和洗衣机“斗智斗勇”，但这一堆裤子让他不知所措，尤其是最后一条裤子的后兜里还坐着一只大眼睛的豚鼠。

“这是新科技吧……”妈妈惊讶得目瞪口呆，“它也能吐出裙子吗？”

“不要啊！”爸爸有些崩溃，“不要这么说！什么都不要说！最好保持安静！否则它现在就会把意大利的厨师、非洲的骆驼和古代的皇帝带到你面前来。天哪，我为什么要说这些……”

的确，爸爸最后那句话没什么用。因为洗衣机下一秒就膨胀起来：一位古代的皇帝正卡在里面。靠在他背上的是一位意大利厨师，旁边还有一只单峰的非洲骆驼。

“看来，只能这样做了！”愤怒的爸爸差点撞上皇帝的鼻子，“尊敬的皇帝陛下，您现在要对整个电子行业负责。您真不该让人发明出这种荒谬可笑的东西！如果我买洗衣机，我一定是希望它能洗衣服！而这个瑕疵品——就让它快些飞向月球吧！”

皇帝笑了笑，洗衣机带着轰鸣声飞向了月球。它冲出了窗户，在天空中留下了长长的尾巴：比萨饼、骆驼刺和肥皂泡。窗台上只留下一只小白鼠。小科斯佳已经把它当作自己的小伙伴了。

“又是一次失败的购物经历。”爸爸在晚餐时喃喃自语。

“可在我看来，这是一次成功的购物。”小科斯佳表示反对，并给小老鼠投喂比萨饼，“很遗憾，我们没能按完所有按钮。”

“很遗憾，我还没能测试一下，它到底能不能‘生产’裙子，”妈妈叹了口气，“但是圆点裤我也能穿。”

“袜子！”爸爸突然大喊了一声，用叉子敲了下盘子，“糟糕，我忘记把袜子从洗衣机里取出来了！这会儿那个古代的皇帝正在袜子里跳着桑巴，还是在月球上。真是太不幸了！”

“旧洗衣机里的袜子丢了就丢了，”妈妈耸了耸肩，“现在我们至少确切地知道了它们的去向。这么看来，技术还是取得了惊人的进步嘛！”

抗病毒芯片

鼻涕像瀑布一样流个不停，
头晕得仿佛置身云雾之中。
我患了流感，
只好窝在沙发上。

咳嗽敲击着肺部，
就像洞穴里的回声。
听着这样的咳嗽，
妈妈都忍不住笑出了声。

我在浴室里，
用盐水冲洗喉咙。
家人为我倒了杯柠檬茶，
却没有给我三明治。

奶奶一勺接一勺地，
往我的嘴里送着药水，
大声地念着儿童读物。

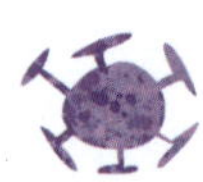

你们都懂的，
我不喜欢生病，
于是缩在被子下面的我，
便有了一个想法。

我要在体内，
放入抗病毒的神奇芯片，
有了抗病毒芯片，
程序很快就能消除流感啦！

校长办公室

“如果那里突然出现机器人该怎么办？”

“什么机器人，米沙？我们得快点儿。现在教务委员会就要开完会了，我们在这里会被逮到的。”

“你没看到这里有多少把钥匙吗？拿着，如果你知道的话，就挑出需要的那一把吧。我觉得那把钥匙上面应该写着‘校长办公室’。顺便说一句，关于机器人的事情是真的！你自己也听到了门后传来的声音——机器人自己走了出来，锁上门就离开了！”

“所以呢？你怎么就能确定是机器人？这可能是某种警报系统。”

“好吧。”米沙专心地将试过的钥匙从没试过的那捆钥匙的绳结上解下来，而科里亚不耐烦地跺着脚。

“那再想想屏幕。如果没有那种能纵观全校情况的屏幕的话，他怎么能做到本人不在现场却能知晓一切呢？并且很快就会出现这种情况：你什么都还没来得及做，只是想了想，他就已经出现在你身旁了。”

“不，屏幕是百分之百会有的。桌面就像飞行器的控制台一样，有一堆铁制的按钮。拉拉告诉过我，她的哥哥有一天去了校长那里。你还记得往学校运送新机器的时候吗？那天他在校长那里磨蹭了很久。对了，他们安装的就是带有屏幕的操控台！但机器人也有，真的。”

“米沙，你一定是科幻小说看多了。”

“你还是安静点吧！不要碰我，否则我会弄混这些钥匙的，到时候还得重新再来一遍。”

突然，门锁发出了一声轻响。米沙和科里亚都瑟瑟发抖，甚至有那么几秒钟一动也不敢动。胃里一阵凉意，就好像刚刚迅速喝了杯苏打水。难道成功了？两个男孩小心地、慢慢地打开门。两人动作一致，几乎是屏住呼吸迈过了门槛，用手摸到了一个开关……他们期待已久的校园传闻就这样在他们面前展开了。

远处的墙边摆了一张桃木的老式桌子和一把高背皮椅。桌上台灯旁铺着几张纸，还有一支蘸水钢笔。大镜子的金边在墙上闪闪发光。巨大的玻璃书柜里堆着厚厚的书，上面布满了灰尘。普希金、莱蒙托夫和托尔斯泰的半身像无情地注视着走进屋里的每一个人。角落里并没有表面镀铬的物体，没有发着彩光的按钮，没有屏幕，也没有机器人。

“唉……”米沙失望地叹了口气，“就只有这些吗？我和爸爸假期的时候去看了博物馆的展览，和这个差不多。可我还曾经打算在食堂偷走校长的杯子。”

“什么杯子？为什么呀？”

“就是校长的一个杯子，可以用来取指纹。他还有一个识别指纹的扫描仪。我们可以从杯子上获取他的指纹，以备不时之需。你难道都不看电影吗？”

“听着，米沙，兴许我们得说出某个密码，然后墙壁就会变成屏幕。比如说，类似于‘出发’这种口令。”

“你喊什么呀？！会有人听到的！”

“他们都在教务委员会那里呢，而且会在那里待到用晚饭的时候。怎么样，我们敲一下墙壁试试看？”

“这有什么可敲的？”米沙毫无感情地用手指关节敲了敲离得最近的一面墙，“就是一面墙而已。让我们想想该对其他人说些什么吧。我更喜欢机器人这个主题。”

“好呀！”科里亚高兴地喊道，他转身关掉了灯，“还有屏幕，我们就说四面的墙上都是屏幕吧？！”

孩子们走了，门在他们身后没有声响地关上了。办公室里空荡荡、阴森森的，刚刚被米沙和科里亚扬起的灰尘不紧不慢地落在了老地方。没过几分钟，一切都陷入了死寂。

突然，桌上的一盏灯亮了起来，整个办公室里布满了柔和的灯光。蘸水钢笔动了一下，然后立了起来，开始平稳地摆动，在纸上写起字来：“米沙·西佐夫和科里亚·康托尔斯基在教务委员会开会期间溜进了校长办公室。瓦季克·珀杰明修好了地理办公室里的地球仪。没有来自老师的请求。娜斯佳·米兰诺娃……”镜子的银色表面泛起了一丝涟漪，然后恢复了正常。最开始，里面闪过了教员休息室的画面，那里正在进行教务委员会的会议；然后是礼堂的画面，学校剧院社团正在进行排练；最后画面停在了米沙和科里亚穿过空无一人的学校大院。普希金和莱蒙托夫的半身雕像互相使了个眼色，托尔斯泰清了下嗓子窃笑道：

“真是些坐不住的蠢货！先生们，我们在这里待着干什么啊？啊，我认为这是一场决斗。当然了，不是你们的决斗……”

时空旅行之奇闻

你好！我是时空旅行家，你也可以叫我“时空穿梭人”。开始我们的旅行吧！
就这样漫步，任意选择方向。
注意，前方有鳄鱼！
好吧，并不可以完全任意地行走。
可以往左走或者往右走……
请问这是哪一层？
$9\frac{3}{4}$层。
可以向上走，也可以向下走……
假设时间不复存在，我们的旅行又会是什么样子的呢？
让我们开启第四维度的旅行！
时空是不可分割的整体。
数学家赫尔曼·明可夫斯基认为，时间是空间的补充维度。
如果还存在一个维度，为什么不沿着它开启新的旅程呢？
请你想象一下，要是所有事情同时发生的话！

未来之旅

这里究竟发生了什么呢？事情是这样的，我们宇航员的飞行速度已经接近光速——他经历的时间流逝的速度较地球上的时间流逝要慢得多。他在太空旅行的几分钟，地球上已经过去了 10 年。然而在今天，我们暂时还达不到这样的速度，所以宇航员和没有断电的熨斗暂时没有安全隐患。但是现在，宇航员在飞行中返回轨道所经受的时间流逝速度，已经比地球家中的时速慢几毫秒。这种减速带来的影响，使得工作人员必须校正处理来自卫星的信息，以免出现长达数千米的定位偏差！

时空旅行家的晚宴

穿越时空、回到过去的旅行无疑是非常困难的。物理学家史蒂芬·霍金的确曾为时空旅行家举办了聚会，但没有成功。也许这就是他提出关于时序保护猜想的原因——他认为，原则上时空旅行是不可能的。 但是，如果人们发明时空旅行技术的同时，还开发出能选择性消除记忆的技术呢?

因果循环的音乐

时空旅行会导致因果循环。我们的科学家听了保罗·麦卡蒂尼的一首歌，然后回到了过去，却无意间给了麦卡蒂尼关于这首歌的灵感。这样一来，到底谁才是这首歌的作者呢？

寻找出路

还有一个问题令科学家和时空旅行家感到困扰：如果人们穿越到过去后影响了事件的进程，例如，意外阻止了自己父母相遇，会对现在产生什么影响？ 想象一下：某位科学家创造了一种病毒，许多人因此感染生病。 我们的英雄利用时光倒流阻止了这位邪恶的科学家。

解决这一困扰的方案之一便是时序保护猜想。（向史蒂芬·霍金致敬！）无论你回到过去做什么，都无法改变历史进程。

又或者一切早已注定？你不仅会影响过去的事态发展，还会成为造成这一结果的重要因素。

而物理学家们则喜欢这种解决方案：你能够对发生在过去的事情产生影响，但前提是你不会再回到实验室。这时的你会发现自己处于一个平行的宇宙，在这一时空中事件的发展也会有所不同。毕竟宇宙并不是单一的，不是吗？

备注

顺便说一句，在时空旅行中，不要忘记考虑空间的位移：我们的星球正在不停地运动！

哪些想法实现了呢？

人们经常幻想着能够看见未来。很久以前，人类文明的工程师们——发明家、作家和艺术家等，就已经在畅想未来世界的样子了。

请欣赏各种发明的图片！哪些发明在我们这个时代已经实现了？哪些仍停留在幻想阶段？在下一页，你可以找到答案。

这些发明的灵感诞生于遥远的过去，而如今，它们已成为我们生活的一部分。你了解它们吗？

潜水服

早在 15 世纪，莱昂纳多·达·芬奇就提出了关于带有玻璃透镜的皮革潜水服的设想。身着该潜水服时可通过芦苇管进行呼吸。芦苇管牢牢地附着在位于水面上的钟形罩上。

而用于水下呼吸的现代化设备——潜水呼吸器，是海洋研究员雅克·伊夫·库斯托和工程师埃米尔·加尼昂在 20 世纪发明出来的。

直升机

儒勒·凡尔纳在 19 世纪提出了“信天翁号”飞行器的设想，并将其写进了小说《征服者罗比尔》中。这种飞行器通过螺旋桨和电力实现移动。

第一架载人直升机于 1907 年成功升空。它飞至 1.5 米的高度并在空中停留了 20 秒。

潜水艇

这艘“鹦鹉螺号”是儒勒·凡尔纳创作的小说《海底两万里》和《神秘岛》中的主人公尼莫船长的水下潜艇。作者本人并没有发明出潜艇，但他对未来的潜艇做出了一番预言。“鹦鹉螺号”潜水艇可以潜至大洋深处几千米，并以 50 节（1 节为 1.852 千米 / 小时）的速度在水下行进（现代潜艇的行速记录为 44.7 节）。它能参与多次作战，也可用于海底研究。

在现实生活中，潜海记录最深的是来自美国的维克多·威斯克沃研究员（他曾潜至马里亚纳海沟底部，水深差不多为 11 千米）。当然，他并不是乘坐潜艇完成的，而是驾驶了专业的深海潜水器。

火箭

1903 年，俄罗斯科学家康斯坦丁·齐奥尔科夫斯基提出了一个关于火箭的设想：利用这种带有喷气式发动机的装置可以实现宇宙飞行。而在他提出该设想之前，虚构的火箭已经从巨大的炮筒中冲向了宇宙（这是发生在儒勒·凡尔纳的小说《从地球到月球》中的事情）。

如今，不仅宇航员可以前往太空访问国际宇宙空间站，太空游客也能参与其中。当然，这样的旅行是非常昂贵的！

背包飞行器

1919 年，苏联工程师阿列克谢 · 安德烈耶夫提出了关于喷气式背包飞行器的方案设想。1928 年，在菲利普 · 诺兰所著的短篇小说中，主人公借助喷气式背包飞了起来。

在近 10 年里，出现了一些成功的喷气式背包飞行器的设计方案。2020 年，飞行员捷波普克身穿配备了微型喷气机的飞行服，飞升至 1829 米的高空，创下了最新高度记录。

视频通信

早在 1860 年，儒勒·凡尔纳的小说《20 世纪的巴黎》中就提到了人们使用可以看见彼此的装置进行交谈。

他可真是太有先见之明了：如今我们经常通过视频的方式与他人联系！

机器人吸尘器

我们并不清楚操控式打蜡机能否使擦地这项家务变得轻松，但使用机器人吸尘器肯定要方便多了！

无人机配送

在 20 世纪初，艺术家们就曾幻想 2000 年会有快递员的存在。

当然，现代快递员们工作时仍然会驾驶汽车或骑自行车。但除了快递员可以送货，能够实现紧急配送的无人机也已经投入使用。一些非洲国家已经在使用由无人机运输来的药物、疫苗和输血用的血液。无人机甚至还可以派送咖啡馆和商店的订单。

远程教学

大约 100 年前，法国的艺术家们就想象过未来的学校是什么样子：老师将书本内容输入一个特殊的机器，书中的所有信息通过电线就能立刻传送到学生的大脑中。

如今，不仅有纸质书和电子书，连通过“电线”获取知识都已经成为现实。有了互联网，孩子们可以远程上学——在家中就可以听课、学习。

月球奏鸣曲

宇航员考进了音乐学校，学习钢琴。
对坐下练琴来说——每次飞行的时间间隔太短。
明天飞往月球，必须要带上钢琴。
但是，火箭里放不下钢琴。
宇航员对指挥官说："4 月份有考试！
老师说："每天都要练琴，不能间断。"
于是，大家便把钢琴塞了进去——只要能飞起来。
火箭从头到尾都飞得有些倾斜。
"往右些！往右些！"地球上的控制中心想要更正轨迹。
"哎，你拿的是六弦吉他就好了！"
终于，月球上成立了音乐学院，
在月球上首次演奏月球奏鸣曲的
会是谁呢？

更多精彩

如何看到显微镜下看不到的东西？谁住在你的书架上？谁在沥青上给口香糖涂颜色？最小的房子是什么样的？“石孩”是什么意思？为什么澳大利亚原住民要画圆点？

在《我的微生物邻居》中，我们将仔细观察一切小的、细微的和不起眼的但同时又极其有趣的东西！

你相信猩猩居然可以说话吗？花园里的花朵和蜜蜂是如何传递消息的？我们应该如何和动物进行交流？人类的语言是如何从图画和符号发展而来的？除了我们常用的语言，还有哪些特别的语言呢？

在《如果猩猩会说话》中，我们将跟随语言学家、生物学家、动物心理学家等的脚步，一起了解语言的奥秘。

颜色是什么？我们如何看到它？我们的眼睛会欺骗我们吗？为什么树懒是绿色的？而火烈鸟是粉红色的？谁眼神更好：食蚁兽、海豚，还是螳螂虾？血液是红色的，那为什么我们的静脉是蓝色的？颜料会使人中毒吗？我们怎么知道恐龙是什么颜色的？为什么很多少数民族要把脸和身体涂上颜色？

在《跟着颜色去旅行》中，我们将告诉你们有关颜色的奇妙故事。